VARIÉTÉS SINOLOGIQUES Nº 6.

朱
熹

LE PHILOSOPHE

TCHOU HI

SA DOCTRINE, SON INFLUENCE

PAR

LE P. STANISLAS LE GALL, S. J.

CHANG-HAI

IMPRIMERIE DE LA MISSION CATHOLIQUE

A L'ORPHELINAT DE T'OU-SÈ-WÈ.

1894.

VARIÉTÉS SINOLOGIQUES Nº 6.

朱
熹

LE PHILOSOPHE

TCHOU HI

SA DOCTRINE, SON INFLUENCE

PAR

LE P. STANISLAS LE GALL, S. J.

CHANG-HAI

IMPRIMERIE DE LA MISSION CATHOLIQUE

A L'ORPHELINAT DE T'OU-SE-WÈ.

1894.

PRÉFACE

—o—o—o—o—o—

L'auteur a eu surtout en vue dans ce travail d'exposer, selon ses moyens, les idées que le lettré moderne puise dans ses livres, dès les jours de sa première éducation.

Ces livres, personne ne l'ignore, sont le moule commun où se forme, depuis bien des siècles, l'intelligence du peuple chinois. Obscurs par eux-mêmes, à raison de leur antiquité et de leur concision, ils sont accompagnés d'un commentaire classique rédigé dans un style généralement coulant et limpide. Le commentaire officiellement reconnu, et faisant loi aux examens publics, est l'œuvre du célèbre Tchou Hi. Beau diseur autant que philosophe détestable, cet homme est parvenu à imposer, depuis bientôt six siècles, à la masse de ses compatriotes une explication toute matérialiste des anciens livres.

Il est vrai que la plupart, contents d'un vague à peu près, emploient la terminologie du philosophe commentateur, sans se mettre guère en peine d'en rechercher le sens exact. Il leur faudrait pour cela, s'ils en avaient le désir, le courage et les moyens, consulter des ouvrages spéciaux, comme le Sing-li ta ts'iuen (性理大全) ou son abrégé Sing-li ts'ing i (性理精義). Et cela fait, le plus grand nombre ne concevra encore, sans doute, qu'une idée fort vague du système. Le système existe, en effet; mais il est exposé à l'orientale, sans ordre ni suite, sans précision ni méthode. Nous avons essayé de le dégager des nuages qui l'enveloppent et empêchent d'en distinguer les traits essentiels.

La présente étude se divisera en trois parties. Dans la première, après avoir brièvement fait connaître les principaux chefs de l'école moderne, que Tchou Hi regardait comme ses maîtres, nous verrons ce dernier les éclipser tous par son talent et acquérir, de son vivant même, une influence aujourd'hui encore presque toute puissante sur l'esprit de ses compatriotes.

Dans la seconde partie, nous nous proposons de grouper en peu de pages les points les plus importants de la doctrine réputée confucéenne, d'après les idées de Tchou Hi. A défaut de la science de nos devanciers qui ont traité ces intéressantes questions, nous aurons, du moins, sur eux l'incontestable avantage de pouvoir produire bon nombre de textes chinois à l'appui de nos assertions. Peut-être même trouvera-t-on nos citations trop nombreuses. Mais l'adage «quod abundat non vitiat» nous semble s'appliquer surtout au genre d'étude qui nous occupe. Nos textes sont principalement empruntés aux Classiques et à leurs commentaires : plusieurs aussi sont extraits des compilations philosophiques ci-dessus mentionnées.

S'il nous arrive parfois, nouveau venu, de combattre sans merci les opinions de quelques vieux sinologues, nous osons compter sur leur généreuse indulgence. A propos surtout de la question si longtemps agitée de T'ien (天) et de Chang-ti (上 帝), lorsque nous disons que ces mots n'expriment plus à présent l'idée d'un être personnel, et qu'ils semblent même avoir perdu de très bonne heure cette signification, nous regrettons d'être en opposition avec des maîtres en sinologie, notamment avec Mr. J. Legge, le savant et consciencieux traducteur des Classiques chinois.

La troisième partie contient un extrait du 49e chapitre des Œuvres de Tchou Hi (朱子全書). Nous avons cru devoir n'en traduire que ce qui venait plus directement à notre sujet; cela suffira pourtant à donner au lecteur une idée de la méthode suivie par le philosophe dans son enseignement.

La traduction publiée en 1875 par le chanoine protestant Th. Mac Clatchie, bien que loin d'être parfaite, nous a quelque peu aidé dans notre tâche. Bien à regret, nous ne pouvons en dire autant de l'ouvrage de Mgr. Ch. de Harlez (Philosophie de la Nature, Bruxelles, 1890) : nous aurions souhaité que sa traduction, moins hâtive et moins défectueuse, fût de celles qu'on recommande sans réserves au lecteur.

Ière PARTIE.

COURT EXPOSÉ HISTORIQUE.

CHAPITRE I.

TCHOU HI, SES MAÎTRES ET SES DISCIPLES.

CHAPITRE II.

INFLUENCE DE *TCHOU HI*.

CHAPITRE I.

TCHOU HI, SES MAÎTRES ET SES DISCIPLES.

Dans la seconde moitié du 10ᵉ siècle, la Chine affaiblie par des révolutions intestines était menacée au dehors par la puissance toujours croissante des Tartares *K'i-tan* (契 丹). En 960, les principaux officiers de l'armée, mécontents de voir le sort de l'Empire aux mains d'un enfant (後 周 恭 帝), dans des conjonctures si difficiles, se concertèrent pour porter sur le pavoi leur général en chef *Tchao K'oang-yng* (趙 匡 胤, 917-975). Ainsi fut fondée la dynastie *Song* (宋), une des plus célèbres de la Chine. Sa gloire ne fut pas celle des armes. Sans cesse en butte aux incursions des terribles hordes du Nord, elle dut leur céder successivement des portions considérables de son territoire; puis, en 1227, malgré les expédients de ses habiles politiques, elle leur abandonna les provinces au Nord du *Kiang* et transporta sa capitale de *Pien-liang* (汴 梁, auj. 開 封 府 *K'ai-fong-fou*), prov. du *Ho-nan* (河 南) à *Ling-ngan* (臨 安, auj. 杭 州 *Hang-tcheou*), prov. du *Tché-kiang* (浙 江). Enfin elle disparut après trois siècles, cédant la place à la dynastie mongole (元). Mais la véritable gloire des *Song* fut celle des Lettres.

Dès les premières années du 11ᵉ siècle un élan extraordinaire était donné à la littérature nationale. Toutes les branches à la fois eurent part à cette Renaissance. Des historiographes, des poètes, des philosophes, des commentateurs et des critiques érudits parurent en grand nombre. — La splendeur des Lettres semblait croître en intensité, à mesure que l'Empire perdait de sa puissance matérielle et de son étendue.

Chao Yong (邵 雍, 堯 夫) est le premier par ordre chronologique dans la galerie des hommes célèbres de l'époque des *Song*. Né en 1011 à *Lo-yang* (洛 陽), de parents pauvres, il s'adonna de bonne heure à l'étude et s'y livra avec une ardeur passionnée. Après quelques voyages au Centre et au Nord, il revint se fixer définitivement dans la capitale. Il y vécut dans une misérable hutte ouverte aux vents et à la pluie, manquant de feu en hiver et d'éventail pour se rafraîchir en été. Mais, content de son sort, il donna à sa hutte le nom poétique de *Ngan-lo ouo* (安 樂 窩, Nid de la joie tranquille), d'où le nom de 安 樂 先 生 par lequel ses amis aimaient à le désigner. *Li Tche-ts'ai* (李之才), magistrat de la ville de *Kong-tch'eng* (共成), dans la préfecture de *Ouei-hoei* (衛輝府), fut des premiers à apprécier le talent du Lettré solitaire. Il se chargea volontiers de lui communiquer sa connaissance profonde du *I-king* (易經); et ses doctes leçons décidèrent *Chao Yong* à approfondir à son tour les mystères que les Chinois ont de tout temps attribués aux trigrammes de *Fou Hi*. Il crut bientôt avoir découvert dans les figures du 河圖 et du 洛書 des choses merveilleuses, qu'il développa plus tard dans un grand ouvrage en 60 *kiuen*. Son fils *Pé-wen* (邵伯温, 1057-1134) y mit la dernière main et le publia sous le titre de 皇極經世書. L'abrégé de la Somme philosophique en contient une partie. (V. 御纂性理精義 II Vol.).

Dans cette œuvre très estimée des Chinois, à raison même de son obscurité, l'auteur donne libre carrière à son imagination. Il s'enfonce dans les ténèbres du chaos primordial, où il voit le Ciel et la Terre prendre peu à peu leur forme; il calcule la durée du monde, assigne le temps précis de sa destruction et celui de sa renaissance, et, fixant pour chacune de ces époques un nombre de siècles déterminé, il en compose des périodes qu'il ne soupçonne même pas de s'écarter le moins du monde de la vérité (1). Voici le jugement du P. Amiot sur cette œuvre que les Lettrés considèrent comme de tout point orthodoxe, bien qu'elle contienne, nous semble-t-il, nombre d'idées taoistes : « Pour moi, dit-il, qui ai lu quelques ouvrages des Philosophes Grecs, j'ose presque assurer que le système de *Chao Yong* peut être réduit, en dernière analyse, et à très peu de chose près, au système de Pythagore sur la vertu des nombres; car, ce que le Philosophe grec attribue aux Nombres, le Philosophe Chinois l'attribue aux *Koua* (卦), ou Trigrammes de *Fou Hi*. Cependant, quoique ce système, en lui-même et dans son ensemble, soit une pure chimère; pris séparément, et envisagé dans chacune des parties qui le composent, il renferme quantité de choses curieuses, utiles et même solides » (2).

Aimé de tous, heureux des découvertes merveilleuses qu'il faisait dans les anciens Livres, *Chao Yong* passait en paix ses jours dans son pauvre réduit, d'où l'ambition ne put jamais l'arracher. Les hommes les plus éminents dans la politique et les lettres venaient visiter dans son *Nid* et consulter le *Docteur de la Joie Tranquille*. *Fou Pi* 富弼, *Han K'i* (韓琦), *Se-ma Koang* (司馬光), fatigués de la vie orageuse de la cour, s'y donnaient souvent rendez-vous et venaient y chercher quelques instants de paix.

---

(1) V. 2e partie, i itio.

(2) Cf. Mémoires conc. les Chinois 8e Vol. p. 50. — On pourra se faire quelque idée du génie de l'ouvrage en consultant ce qu'en a traduit Mgr Ch. de Harlez dans son "École Philosophique moderne de la Chine, ou Système de la Nature". — Bruxelles, 1890.

Vers l'an 1056, arrivèrent à la capitale les deux frères *Tch'eng* (程 顯 et 程 頤), dont les noms sont à jamais unis dans une commune gloire. Leur oncle *Tchang Tsai* ou *Hong k'iu* (張 載, 橫 集) était déjà célèbre. Il donnait des leçons publiques, où il interprétait le *I King*. Mais lorsqu'il eut entendu les doctes conférences de ses neveux, il se déclara vaincu, leur céda sa chaire avec la peau de tigre qui servait alors d'insigne honorifique aux expositeurs des Symboles, et bientôt après se retira dans la vie privée. Il est l'auteur de plusieurs ouvrages connus sous les titres de 東 銘 et 西 銘. 訂 禎 ou 破 愚. de 正 蒙, de 經 學 理 窟 : un recueil de mélanges littéraires porte aussi son nom. Le 西 銘 et le 正 蒙 sont des opuscules philosophiques auxquels *Tchou Hi* ajouta plus tard des commentaires.

Les deux *Tch'eng* avaient eu pour maître *Tcheou Toen-i* 周 敦 頤, que l'école moderne reconnaît pour son fondateur (1). Celui-ci était à *Nan-ngan* (南 安) au S. O. du *Kiang-si*, chargé d'un petit commandement militaire, lorsque *Tch'eng Hiang* (程 珦) fit sa connaissance. Il voulut devenir son disciple; mais *Tcheou Toen-i* lui déclara franchement qu'il le jugeait trop vieux pour réformer ses idées et profiter de ses leçons. *Tch'eng Hiang* résolut du moins de lui confier l'éducation de ses deux fils. L'aîné *Hao* (顥), né en 1032, avait alors 14 ans; le cadet *I* (頤) n'en avait que treize.

Tcheou-tse communiqua à ses élèves les principes de sa philosophie, qu'ils devaient transmettre à la postérité dans leurs propres écrits et dans les deux ouvrages de leur maître, qu'ils éditèrent après sa mort, le *T'ai-ki t'ou-chou* (太 極 圖 書 et le *T'ong-chou* (通 書). Plus tard, *Tchou Hi* y ajouta des commentaires. — «*Tcheou Lien-k'i* (周 濂 溪). dit le P. Cibot (2), esprit vaste, génie hardi et subtil, se trouva dans un siècle également avide de connaissances et de nouveautés. L'*I-king*, si souvent commenté et toujours obscur, attira ses regards; il entreprit d'y porter la lumière en se frayant une nouvelle route et en cherchant le pourquoi du pourquoi de toute la nature, dans les admirables symboles et la glose profonde de ce livre singulier (3). A force de se retour-

---

(1) 周 敦 頤, 茂 叔, appelé aussi 濂 溪, du nom du hameau au S. du *Hou-nan*, où il vit le jour la 20e année du règne de 宋 眞 宗 (1017)

(2) Essai sur la Langue des Chinois, 8e vol. des Mémoires concernant les Chinois, p. 166.

(3) Livre singulier, sans doute; mais les symboles pris en eux-mêmes, que contiennent-ils d'*admirable?* Voici le jugement plus sage, plus modéré du P. Zottoli (Cursus Litter. Sin. 3e Vol. p. 522) : "Nil igitur sublime, aut mysteriosum, nil fædum aut vile hic quæras : *argutulum* potius *lusum* ibi video ad instructiones morales politicasque eliciendas, ut ad satietatem usque in sinicis passim classicis, obvias, planas, naturales ...." — Et Legge, p. 22 de son Introduction du *I King*, formule ainsi son jugement sur cet ouvrage : "According to our notions, a framer of emblems should be a good deal of a poet; but tho-

ner et de métaphysiquer sur les mots, il vint à bout de bâtir son
système de l'yn-yang et du Ly-K'y; système, après tout, qui vaut
bien celui des nombres de Pythagore, des qualités de Callistrate,
des atômes d'Epicure.........»

Tchou Hi appelle *Tcheou Lien-k'i* «notre maître» (先生), le res-
taurateur de la vraie doctrine, le continuateur des traditions anti-
ques. «Depuis la mort de *Mong-tse*, dit-il (1), le sens vrai du *I
King* était perdu. Les dynasties *Ts'in* (桑), *Han* (漢), *Tsin* (晉), *Soei*
(隋), *T'ang* (唐) ont passé tour à tour et cependant personne n'avait
encore pu nous révéler les mystères renfermés dans ce Livre.
Enfin, sous notre dynastie 宋, les planètes s'étant réunies dans la
constellation *K'oei* ont réellement ouvert pour les lettres une nouvelle ère de splendeur. Ce fut sous cette heureuse influence des
astres que notre maître vint au monde; et que, sans les leçons d'aucun maître, il conçut dans son esprit l'ensemble parfait de la doctrine (2).» *Tcheou Lien-k'i* mourut en 1073, à l'âge de 56 ans; il
fut enterré, suivant son désir, près de sa mère à *Tan-t'ou* (丹徒),
ville de la préfecture de *Tchen-kiang*. Douze ans plus tard, l'aîné
des frères *Tch'eng* (程 明 道) suivait son maître au tombeau. Il
mourut à *Lo-yang* regretté de ses nombreux disciples (1085). Son
frère (伊 川) dut accepter, l'année suivante, la charge d'Expositeur
officiel des Classiques. Il venait de mettre la dernière main à son
grand Commentaire du *I King*, lorsque l'influence de *Se-ma Koang*
(司 馬 光) et de *Tchou Koang-t'ing* (朱 光 庭) le fit élever au

---

se of the Yi only make us think of a *dryasdust*. Out of more than 350, *the greater number
are only grotesque.*" Comment est-il donc possible qu'un tel livre ait trouvé des admirateurs et des panégyristes enthousiastes dans plusieurs anciens Missionnaires Jésuites de
Chine? Les louanges évidemment exagérées décernées par eux aux anciens Livres Classiques en général, et au *I King* en particulier, nous semblent difficiles à comprendre autrement
que par l'espoir qui les animait d'enrayer tôt ou tard le courant funeste qui, depuis le
12e siècle surtout, entraîne la masse des intelligences cultivées de cet Empire dans le matérialisme le plus absolu, et de les attirer par leurs propres livres, expliqués dans un sens spiritualiste, à la splendeur de la vérité chretienne. Cette idée préconçue leur fit voir dans les
anciens Livres, et surtout dans le *I King*, dont l'obscurité même permet souvent d'y trouver ce que l'on veut, des mystères sublimes, des *restiges* étonnants de clarté de nos dogmes
chrétiens.

(1) V. 通 書 p. 1.

(2) La constellation *K'oei* (奎 宿) est formée de quelques étoiles d'Andromède et
des Poissons. Les astrologues chinois lui attribuent une influence favorable à la littérature:
un temple du dieu des Lettres s'appelle 奎 光 閣. — L'an 967, 8e année de *T'ai-tsou* 宋
太 祖, fondateur de la dynastie *Song*, les cinq planètes se rencontrèrent dans cette constell-
lation. L'histoire chinoise parle de plusieurs conjonctions des Planètes. Le Rev. John Chalmers A. M. (On the astronomy of the ancient Chinese) dit que ces affirmations ne méritent
aucun crédit. Il y eut bien, dit-il, quelque rapprochement, une sorte de conjonction imparfaite des Planètes, en mai 204 A. C., au commencement de la dynastie *Han*. Mais l'unique
conjonction réelle des Cinq Planètes est celle qui arriva le 15 septembre 1186 sous la dynastie
Song. — " (V. Chinese Classics de Legge, Vol. III. Prolegomena p. 101).

poste important de précepteur du jeune Empereur *Tché-tsong* (哲宗) qui, cette année-là même (1086). montait sur le trône impérial. Le caractère hautain de *I-tch'oan* (伊川) lui attira beaucoup d'ennemis, surtout à la cour. Un censeur présenta même un mémoire au trône, dans lequel il le dénonçait comme un querelleur et un intrigant. Dans ces circonstances, une plaisanterie un peu méchante du poète *Sou Tong-p'ouo* (蘇東坡) créa entre eux et leurs amis respectifs une haine irréconciliable (1). Les intrigues de ses envieux le forcèrent bientôt à se retirer de la vie publique. Il en profita pour travailler à ses Commentaires des Livres Classiques. Il mourut en 1107. à l'âge de 74 ans. Ses disciples le nommaient 伊川先生 du nom d'une rivière qui coule à l'O. de la province du Honan. son pays natal. Il fut admis au Temple de Confucius. sous le règne de *Li-tsong* (宋理宗), la première année de la période 淳祐 (1241). Ses œuvres philosophiques et littéraires ont toujours joui d'une autorité considérable. Elles sont jointes à celles de son frère (明道) sous le titre d'Œuvres des deux *Tch'eng* (二程文集；二程粹言；二程語錄). Tous deux s'efforcèrent constamment de raviver l'influence de l'antique orthodoxie. en s'opposant avec vigueur aux doctrines Bouddhiques et Taoïstes. Dans son commentaire sur le passage du *Len-yu* (ch. I, 2° p. n. 16) où Confucius dit: «Il est pernicieux de s'adonner à l'étude des doctrines nouvelles», *Tchou Hi* cite cette sentence de *Tch'eng-tse* contre le Bouddhisme : «Les doctrines de cette secte-là semblent plus raisonnables que celle des hérésiarques *Yang* et *Mě;* et voilà précisément pourquoi elle est plus dangereuse. Il est du devoir de quiconque aspire à la sagesse de s'en éloigner avec horreur. comme on s'éloigne des chants lascifs et des plaisirs déshonnêtes. Sans cela on y donnera tête baissée (2).»

Les travaux des frères *Tch'eng* contribuèrent beaucoup à imprimer à cette époque un mouvement puissant vers l'étude des auteurs classiques dans leurs sources. De nombreux disciples, attirés par leur réputation, étaient accourus de toutes les provinces : ils recueillaient avec avidité leurs enseignements, et, devenus maîtres à leur tour, les communiquaient à leurs élèves. Ainsi les idées nouvelles se répandaient de tous côtés à la fois. Vers la fin du 11° siècle, du vivant même du second des *Tch'eng*, elles avaient déjà pénétré dans le *Fou-kien*, où *Yang Che* (揚時中立) les enseignait avec grand succès à des centaines de disci-

---

(1) *Sou Tong-p'ouo*, bien connu comme poète et commentateur, reçut en 1235 les honneurs du Temple de Confucius; mais en 1845 sa tablette en fut enlevée. La raison de cette dégradation est l'orthodoxie parfois douteuse de ses idées.

(2) 程子曰·佛氏之言，比之楊墨尤爲近理；所以其害爲尤甚；學者當如淫聲美色以遠之；不爾，則駸駸然入於其中矣.

ples. *Yang Che* était né en 1053 dans la préfecture de *Yen-p'ing*, au *Fou-kien*. Il vécut jusqu'à l'âge de 82 ans (1135). Il est regardé comme le Père de l'Ecole du Sud. Son plus grand titre de gloire, son éternel honneur aux yeux des Lettrés est d'avoir combattu sans relâche les réformes politiques de l'odieux *Wang Ngan-che* (王 安 石), ainsi que ses interprétations des Livres canoniques. Ce ministre exécré mourut en 1086. Dix-huit ans plus tard (1104), ses partisans réussirent à faire placer sa tablette dans le Temple de Confucius, et, en 1109, son fils 王 雱 *Wang Yu* recevait le même honneur. Mais *Yang Che* écrivit contre ces mesures une si énergique protestation que les tablettes durent être enfin rejetées (1177).

La même année que *Yang Che* (1135), mourut son compatriote et disciple *Louo Ts'ong-yen* (羅 從 彥, 仲 素, né en 1072), qui travailla à propager dans sa province la vraie doctrine des Sages, suivant les principes de *Tcheou-tse* (周 子) et des frères *Tch'eng*. Le plus célèbre de ses élèves fut *Li T'ong* (李 侗, 愿 中), plus connu sous le nom littéraire de *Li Yen-p'ing* (延 平), du nom de la préfecture où il naquit en 1093.

Le même district est plus fier encore d'avoir vu naitre un homme dont l'influence sur l'état intellectuel et moral de ses compatriotes n'a été surpassée que par celle de Confucius lui-même.

Le Nord de l'Empire venait de tomber depuis peu au pouvoir des Tartares (女 眞), lorsque *Tchou Hi* (朱 熹) vint au monde (1150) dans la petite ville de *Yeou-k'i* (尤 溪), la 4ᵉ année du règne de *Kao-tsong*, premier Empereur de la dynastie méridionale des *Song* (南 宋 高 宗). Sa famille était originaire de *Ou-yuen* (婺 源), ville de la préfecture de *Sin-ngan* (新 安) (1), aujourd'hui *Hoei-tcheou fou* (徽 州 府), dans la province du *Ngan-hoei* (安 徽). Il n'avait que quatorze ans lorsqu'il perdit son père (1144). Celui-ci lui recommanda, avant de mourir, de s'appliquer avec ardeur à l'étude, sous la direction de trois de ses amis, qui jouissaient alors d'une réputation méritée de vertu et de science. C'étaient *Hou Hien* (胡 憲), *Lieou Tche-tchong* (劉 致 中) et *Lieou Yen-tch'ong* (劉 彥 冲).

A l'âge de 19 ans, le jeune homme fut reçu docteur (進 士); et peu après, à son retour de la capitale, il se rendit à *Ou-yuen* (婺 源) pour visiter le tombeau de ses ancêtres, leur faire part de ses succès et réclamer leur assistance. — Il parait que ses premiers maitres ne lui avaient pas communiqué les principes de la plus pure orthodoxie. *Tchou Hi* déplorait plus tard amèrement le temps qu'il avait consacré à l'étude des Livres bouddhiques. Dans la préface qu'il écrivit en tête d'une édition du *Len-yu* à l'usage des commençants, entre autres conseils qu'il leur donne, il leur recommande d'un ton paternel de ne jamais se laisser prendre au piége des fausses doctrines. Et il termine par ces mots : «Autrefois,

---

(1) *Tchou Hi* signe plusieurs de ses œuvres 新 安 朱 熹 謹 書.

hélas! j'eus presque ce malheur; mais, à présent que j'ai pu m'y
soustraire, je forme le vœu sincère que vous ne suiviez pas mon
exemple. Ah! mes petits enfants, déployez sur ce point toute votre
énergie et soyez constamment sur vos gardes!» (1) — L'éditeur
du 四 書 滙 參 ajoute à ces paroles le commentaire suivant:
«*Tchou-tse*, dans sa jeunesse, s'était quelque temps fourvoyé dans la
secte de *Ché* (Chakiamouni). A l'âge de vingt-quatre ans, il recon-
nut son erreur et, à l'école de maître *Li Yen-p'ing* (李 延 平 ou 李 侗),
il revint aux vraies traditions (2).» Ces mots sembleraient indiquer que le jeune *Tchou* non seulement adopta les doctrines bouddhiques, mais encore qu'il se fît bonze.

Quoi qu'il en soit de cette conjecture, il est certain qu'à partir de l'époque de sa conversion (1154), la 23ᵉ année de la période
Chao-hing (紹 興), il ne manquait pas souvent l'occasion de montrer son dédain et sa haine profonde pour les sectes de Bouddha
et de *Lao-tse*. Ces sentiments se rencontrent fréquemment dans
ses écrits. Il les communiqua aux lettrés de son siècle, et les modernes les puisent encore à son école. Tout lettré qui se respecte
doit décrier les Bonzes et vilipender leur doctrine; c'est un lieu
commun, une simple boutade sans conséquence; car dans la pratique, de nos jours du moins, le Confucianiste le plus enragé réclame à l'occasion les services du bonze ou du *Tao-che*. Il devait en
être également ainsi au 12ᵉ siècle. Que *Tchou Hi* lui-même ait été,
dans la pratique, inconséquent avec ses théories d'intolérance envers les sectes rivales, nous l'admettons sans peine; mais qu'il
ait encouragé le peuple aux superstitions bouddhiques, comme
l'affirme J. Edkins dans son livre sur le *Bouddhisme en Chine*
(pp. 360-361), rien absolument ne le prouve, tandis que les preuves
du contraire abondent. Et, si le savant auteur ne prétend parler
que de la croyance populaire à la rétribution future, nous répon-
dons que *Tchou Hi*, loin de l'encourager, l'a toujours combattue,
comme on le verra plusieurs fois dans la 2ᵉ partie de ce travail.
En attendant, que le lecteur se reporte à la page 152 du *Chinese
Buddhism*, il y verra ces mots: By insertion in the *Sacred Edict*,
these opinions (i.e. anti-bouddhiques et purement Confucéennes)
have been widely spread, and are extensively approved of to the
present dynasty. The author (*Yong-tcheng*) cites *the judgment*

---

(1) 毋 惑 於 異 端 而 躙 之，以 爲 近 且 卑 也 …… 昔 者 吾
幾 陷 焉；今 裁 自 脫，故 不 願 汝 曹 之 爲 之 也；嗚 呼 小 子，
其 懋 戒 之 哉．

La préface, d'où ces paroles sont tirées, se trouve au commencement du 6ᵉ vol. du
四 書 滙 參. L'ouvrage lui-même n'existe plus; il avait pour titre 訓 蒙 口 義
et a dû être le premier essai, le point de départ du grand Commentaire classique (集 註).
Tel fut aussi probablement le sort d'un autre ouvrage de *Tchou-tse*, 論 語 要 義,
dont il ne reste également que la préface.

(2) 朱 子 少 嘗 誤 入 釋 氏．

pronounced by *Chu Hi*, the philosopher and critic of the *Sung* dynasty, *saying that the Buddhists care nothing for heaven and earth*, or anything that goes on around them, but attend exclusively each to his single mind. They are then condemned for fabricating groundless tales of future happiness and misery.» — Il semble qu'il y a contradiction entre ce que dit l'auteur ici (p. 152) et ce qu'il affirme plus loin (p. 360). «That I am not wrong in imputing to the literati who belonged to the later *Sung* dynasty, and *especially Chu Hi*, *a principal part in the encouragement of the popular belief in future retribution*, may be shown by the chronology............ *Chu fu-tsĭ* witnessed all this, and *did not protest* against it. He saw also rising round him the novelty of *Ch'ung-hwang-miau*, with its judicial apparatus......... *He saw these things and made no struggle* against the extension of superstition......» D'ailleurs, cet argument purement négatif ne saurait résister devant les expressions si fortes de mépris et de haine contre l'enseignement bouddhique, qui sortent très souvent du pinceau de *Tchou Hi*, et dont nous avons déjà donné plusieurs spécimens.

Dès les premières années de sa carrière littéraire, *Tchou Hi* s'attira l'estime des hommes de lettres les plus célèbres de son époque. Plusieurs saluaient déjà leur maître en celui que la nation entière reconnaîtra bientôt comme le prince de sa Littérature. Un style net et limpide, une tournure de phrase coulante et variée, une érudition plus qu'ordinaire, une critique relativement indépendante, formaient dès lors le caractère de ses écrits. Son premier soin fut de réviser le *Ta-hio* (大 學) et le *Tchong-yong* (中 庸), auxquels il acquit définitivement rang parmi les Quatre Livres (四 書) : les textes de ces deux ouvrages formaient jusquelà les chapitres quarante-deux et trente-et-un du Mémorial des Rites (禮 記). Il publia ensuite successivement ses éditions du *Len-yu* (論 語) et de *Mong-tse* (孟 子), ainsi que différents essais d'interprétation du *I-king* (易 經). Les auteurs qu'il cite de préférence dans ses commentaires sont *Han Yu* (韓 愈), *Tcheou-tse* (周 子), les deux *Tch'eng* (程) et *Tchang Tsai* (張 載). Il recueillit et publia les œuvres de ces philosophes, qu'il appelait ses maîtres, sans toutefois se croire obligé d'adopter en tout leurs idées. Ses lettres conservées dans le Recueil de ses Œuvres sous le titre de 文 集 ou Mélanges littéraires, nous le montrent en rapport avec bon nombre de savants de son siècle. Aidé de quelques-uns de ses disciples, il revit l'histoire de *Se-ma Koang* (司 馬 光, 1009-1086), à laquelle il ajouta un texte ou sommaire de chapitres. Il donna pour titre à son ouvrage *T'ong-kien kang-mou* (通 鑑 鋼 目) (1). «Environ cent ans après l'apparition de l'œuvre

---

(1) *Se-ma Koang* consacra plusieurs des dernières années de sa vie à composer son Abrégé des Histoires nationales de la Chine, depuis l'avènement des *Tcheou* (周) jusqu'à son temps. Le travail ne fut achevé qu'en 1084, deux ans avant sa mort. Il parut sous le

de *Se-ma Koang,* dit le P. de Mailla (Préface de l'Hist. génér. de la Chine), le célèbre *Tchou Hi,* qui la prisait infiniment, n'y trouva qu'une seule chose à redire. pour qu'elle eût toute la perfection qu'on pouvait lui donner; il jugea qu'en y ajoutant un texte tel qu'est celui du *Tch'oen-ts'ieou* (春 秋) de Confucius, qui présente sommairement et d'un coup d'œil ce qu'il y a de principal dans l'histoire, elle serait alors comparable à l'ouvrage de ce philosophe, accompagné des commentaires de *Tso K'ieou-ming.* Il fit donc, à l'imitation de Confucius, et dans le style laconique du *Tch'oen-ts'ieou,* toute l'histoire du *T'ong-kien,* qu'il y inséra en gros caractères, comme un texte, dont le *T'ong-kien* ne serait que le commentaire; il appela ce texte *Kang-mou,* c'est-à-dire le principal de l'histoire qui se présente aux yeux. De là le nom de *T'ong-kien kang-mou* ».

On doit encore à *Tchou Hi* quelques biographies de sages lettrés et d'hommes d'Etat éminents de l'antiquité; elles forment, sous le titre de 道 統, la 2ᵉ partie du 24ᵉ volume de ses Œuvres. Mais sa plus grande gloire, aux yeux de ses compatriotes, est d'avoir exposé, aussi clairement qu'elles pouvaient l'être, les conceptions philosophiques de *Tcheou Lien-k'i,* de *Tchang-tse,* etc, dans ses commentaires du *T'ai-ki t'ou-chou* (太 極 圖 書), du *T'ong-chou* (通 書), du *Si-ming* (西 銘) du *Tcheng-mong* (正 蒙). ainsi que dans les leçons qu'il continua de donner jusqu'à sa mort à de nombreux disciples, leçons dont la substance nous a été soigneusement conservée dans le *Yu-lei* (語 類).

Au nombre de ses plus intimes amis étaient *Tchang Tch'e* (張 栻) et *Liu Tsou-kien* (呂 祖 謙), plus connu sous le nom de 呂 東 萊 *Liu Tong-lai.* On les nommait les « Trois éminences du sud-Est» (1). *Tchang Tch'e* avait été formé à l'école de *Hou Hong* (胡 宏, ou 胡 五 峯), un fils de *Hou Ngan-kouo* (胡 安 國, 1074-1138). *Tchou Hi* en parle toujours avec une respectueuse admiration, alors même qu'il réfute ses opinions. *Liu Tong-lai* se servit de son influence auprès de son illustre ami pour l'amener à publier, avec des notes explicatives, les principaux écrits des quatre premiers maîtres de la Nouvelle Ecole *(Tcheou Lien-k'i, Tchang Tsai et les deux frères Tch'eng).* Celui-ci accéda à ses désirs et composa son 近 思 錄 *(Kin-se-lou),* ouvrage en 14 *kiuen,* qui servit plus que tout autre

---

titre de 資 治 通 鑑 ou Miroir général pour aider à bien gouverner. Son ami et collaborateur *Licou Jou,* (劉 如 1052-1078), fut chargé par l'Empereur d'ajouter, sous forme d'Introduction aux Annales de *Se-ma Koang,* tout ce qui précède les *Tcheou* et touche à la Période légendaire : c'est le *Wai-ki* 外 記.

(1) *Tchang Tch'e,* de son nom littéraire 南 軒, était né au *Se-tch'oan* (四 川) en 1133: il fut admis aux honneurs du Temple de Confucius en 1241. — *Liu Tsou-kien* naquit à 桂 林 府 au *Koang-si* (廣 西) en 1137; sa famille était originaire du *Tché-kiang* (浙 江). Il mourut en 1181.

à répandre parmi les lettrés les principes matérialistes de la secte Athéo-politique.

Dans la correspondance de *Tchou Hi,* une des lettres les
plus remarquables est celle qu'il écrivit à *Lou Tse-tsing* (陸 九
淵. 子 靜, 1140\, qui lui avait demandé quelques explications
sur les premiers mots du 通 書 *Ou hi eul t'ai hi* (無 極 而 太
極) (1). Ce lettré jouissait d'une grande réputation. Il soutenait,
avec plus d'opiniâtreté que de logique, plusieurs opinions contraires
à celles de *Tchou Hi;* et ses doctrines ont toujours été regardées, par
la majorité des Confucianistes. comme une source de graves erreurs. Un point surtout fut longtemps l'objet d'une vive controverse
entre les deux champions. Il s'agissait de savoir si, dans la formation intellectuelle et morale, la réflexion doit précéder ou suivre
l'enseignement reçu du dehors. *Lou Tse-tsing* soutenait que l'étude
intime. personnelle, avec la réflexion. est le principe et la base de
l'éducation; seule elle est indispensable et peut même suppléer
tout-à-fait à l'enseignement extérieur. Après une longue dispute,
dans laquelle *Tchou-tse* se fit remarquer, dit-on, par le calme
imperturbable qu'il opposa à la fougue de son adversaire, chacun
des combattants se retira plus raffermi encore dans ses idées. La
méthode suivie dans ce genre de polémique par les philosophes
chinois n'est pas du tout celle de la logique occidentale : leur
Aristote n'a pas encore paru. Ils se contentent généralement de
saisir dans l'argument de leur adversaire quelque point de détail,
dont ils montreront facilement l'absurdité. en citant à l'appui des
textes, dont l'interprétation elle-même entraînera la discussion sur
un autre terrain.

En 1190. *Tchou Hi* fut chargé de la préfecture de *Tchang
tcheou* Là encore, outre les occupations de sa charge, il donnait
des leçons à de nombreux disciples. Parmi ceux-ci il en remarqua
un, dont le talent n'avait rien d'extraordinaire, mais qui montrait
pour l'étude une ardeur passionnée. avec une persévérance peu
commune. Il se nommait *Tch'en choen* (陳 淳, 安 卿) et était né
près de Amoy, au *Fou-kien* (1153). — C'est lui, dit-on, qui le
premier employa l'expression *Sing-li* (性 理) dans le sens de Philosophie spéculative (2). Il fut l'un des plus enthousiastes admirateurs de son maître. dont il propagea les doctrines dans les provinces du Sud.

Vers cette époque. les ennemis de *Tchou Hi* et les envieux de
sa gloire redoublèrent d'efforts pour le discréditer auprès de
l'Empereur (光 宗. 1190-1195). Plusieurs mémoires accusateurs
parvinrent coup sur coup à la Cour. Un certain *Lin Li* (林 栗)

---

(1) Cf. 朱 子 全 書, *kiuen* 52. p. 45 au verso.

(2) Plus tard *Hiong Kang-ta* 熊 剛 大 l'employa dans un ouvrage qui avait pour
titre 性 理 萃 書. Dès lors, il fut universellement accepté, et on le rencontre *passim*
dans les écrits philosophiques.

le représentait comme un révolutionnaire, un conspirateur dange-
reux, un chef de parti politique, dont il fallait au plus tôt déjouer
les sourdes menées (1). Un autre, *Chen Ki-tsou* (沈繼祖), en
termes encore plus violents, l'accuse d'être le chef d'une société
secrète, dont les sectateurs, racolés de tous les pays, s'abstien-
nent de viande et pratiquent des sortilèges (2). Des réunions sus-
pectes se tiennent tantôt en la ville de *Koang-sin* (廣信). dans la
pagode du Lac aux Oies (鵝湖之寺), tantôt à *Tchang-cha* (長沙)
dans le Temple de la Respectueuse réserve (敬簡之堂); et tout
s'y passe dans le secret le plus profond (3). *Tchou Hi*, ajoutait
l'accusateur, a manqué à ses devoirs de piété filiale envers sa
mère et de soumission à son prince : à plusieurs reprises appelé
à la cour, sous le règne de *Hiao-tsong* (孝宗, 1163-1190), il a
obstinément refusé de s'y rendre. Pendant que la cour se réjouis-
sait de la mort de *Tchao Jou-yu* (趙如愚), il s'est permis de le
pleurer. Ses mœurs sont un scandale public (4). Il donne des leçons aux jeunes gens des plus opulentes familles. dont il reçoit de
riches présents.... etc. etc. Ces diatribes haineuses n'eurent pas
d'abord le succès qu'en attendaient leurs auteurs. Mais, peu après,
un personnage influent (胡紘) revint à la charge et réussit à le
faire condamner à la privation de tout emploi et dignité (1196).
Trois ans plus tard, l'empereur lui rendit quelques-uns de ses titres officiels; il lui offrit même une charge honorable. que l'âge et
la maladie ne lui permirent pas d'accepter. Parmi les amis fidèles
qui ressentirent le contre-coup de sa disgrâce, et furent poursuivis
pour leur attachement aux doctrines du maître, étaient *Ts'ai Yuen-
ting* (蔡元定) et son fils *Ts'ai Tch'en* (蔡沈, 仲默) alors âgé de
28 ans. Le père exilé à *Tao-tcheou* dans le *Hou-nan*, y mourut
en 1198. Son fils, qui l'avait suivi dans son exil, revint alors à
Kien-yang (建寧府建陽縣), au Nord du *Fou-kien*, ramenant
le cercueil de son père, qu'il déposa auprès de ses ancêtres.

Vers ce même temps, *Tchou Hi* commença à ressentir les cru-
elles infirmités qui ne devaient pas tarder à terminer sa vie. Il
fut assisté, dans ses derniers jours, par plusieurs de ses disciples.
Le plus dévoué de tous à consoler et soulager son maître fut *Ts'ai
Tch'en* (5), qui l'assista avec amour et reçut son dernier soupir

---

(1) 亂臣之首，所宜禁絕者·
(2) 寓以喫菜事魔之妖術·
(3) 潛形匿迹，如鬼如魅·
(4) 誘尼姑二人以爲寵妾；知南康軍，則妄配數人· "Il a
séduit deux bonzesses dont il a fait ses concubines favorites ; durant sa magistrature à
Nan-k'ang, il a entretenu un commerce criminel avec plusieurs personnes".

(5) Neuf ans après la mort de son maître, (嘉定己巳), 2e année de la période
Kia-ting (1209), *Ts'ai Tch'en* publia son Commentaire du Livre des Annales (書經),
qu'il avait commencé, sur son ordre, la première année du règne de (宋寧宗) *Ning-
tsong*, comme il nous l'apprend au début de la préface de son ouvrage : 慶元己未

(1200), la 6ᵉ année du règne de *Ning-tsong* (寧宗). *Tchou Hi* est connu dans la littérature sous plusieurs noms qu'il prit lui-même à différentes époques de sa vie, ou qui lui furent donnés par les lettrés de son temps. Son nom d'enfance fut 沈郎, c'est-à-dire *Enfant de Tch'en* (ancien nom de la ville de 尤溪, où il naquit). Ensuite il fut nommé 季延 ou *petit* (Li) *Yen-ping*. Son maitre *Lieou Yen-tch'ong* (劉彥冲) l'appela 元晦, «Grandeur qui se cache;» mais le disciple, par modestie, voulut changer le premier caractère et se nomma 仲晦 «Médiocrité cachée». Dans la suite, il prit pour nom de plume le nom qu'il avait donné à sa solitude 晦菴. Plus tard, il signait de préférence 晦翁, ou le vieillard obscur; puis enfin, sur la fin de sa carrière, 遯翁, le vieux solitaire.

Son épithète posthume est 文 *Wen*, l'accompli; et il est d'ordinaire désigné dans les livres sous le nom de 朱文公 ou le philosophe *Tchou* 朱子, 朱夫子.

冬·先生文公令沈作書集傳；明年先生歿，又十年始克成編·

CHAPITRE II.

INFLUENCE DE *TCHOU HI*.

Wang *Cheou-jen* (王守仁, 伯安, 1472-1528), plus connu sous le nom de Maître *Wang Yang-ming* (王陽明先生), raconte, dans une Dissertation sur les pensées de *Tchou Hi,* en ses dernières années (1), «comment il fut longtemps troublé de rencontrer dans les écrits de ce philosophe tant de contradictions, qu'il ne comprenait pas qu'elles eussent pu échapper à un si grand génie. Or, pendant qu'il exerçait une charge à la capitale, il se mit avec ardeur à compulser les ouvrages du Maître, et fut heureux d'y trouver la preuve, à n'en pouvoir douter, que sur la fin de sa vie, *Tchou-tse* s'était bien rendu compte des erreurs qu'il avait émises dans ses écrits et qu'il s'en était amèrement repenti, au point qu'il s'accusait d'avoir parlé comme un insensé. Le mal était désormais irréparable. Il eut pourtant la pensée d'en faire une rétractation, en publiant une révision générale de ses ouvrages : la mort ne lui en laissa pas le temps». — Voilà ce qu'affirme *Wang Yang-ming* (2). Il est vraiment dommage que, dans une question aussi intéressante, cet auteur ne se donne pas la peine de citer les paroles textuelles de *Tchou-tse,* ou, du moins, de nous indiquer au juste dans quelle partie de ses écrits il a trouvé cet aveu loyal, quoique un peu tardif, des égarements de son esprit. De plus, il est regrettable qu'il ne nous dise pas clairement et en détail sur quels points de doctrine portaient ces regrets. Peut-être ne s'agit-il que de quelques opinions contestées, ayant rapport à l'arrangement du texte des Classiques, tel que l'avait fixé *Tchou Hi;* ou bien encore de quelques interprétations peu sûres dans les nombreux Commentaires qu'il avait publiés dans les premières années de sa carrière littéraire (其中年未定

---

(1) 朱子晚年定論序. Cette pièce se voit dans la Collection complète (全集) des Œuvres de *Wang Yang-ming*, au chapitre 論學書.

(2) 獨於朱子之說, 有相牴悟, 恒疚於心切疑朱子之賢, 而豈其於此尚有未察; 及官留都, 復取朱子之書而簡求之, 然後知其晚歲固已大悟舊說之非, 痛悔極艾, 至以爲自誑誑人之罪, 不可勝贖; 世之所傳集註或問之類, 乃其中年未定之說. 自咎以爲舊本之誤. 思改正而未及.

之 説), et sur lesquelles il revint·au temps de la maturité de son
génie. On conçoit qu'il regrettât de voir des erreurs et des contradictions dans les ouvrages écrits par lui, à différentes époques
de sa longue vie, et qu'il eût souhaité de laisser à la postérité
une édition définitive de ses Œuvres revues et corrigées par lui-
même. Les regrets de l'auteur ne portaient sûrement pas sur le
fond du système philosophique qu'il avait reçu de ses maîtres et
que sa glose a servi à répandre par tout l'Empire et à imposer,
pour de longs siècles, à l'intelligence de ses compatriotes. *Wang
Yang-ming,* comme plus tard *Mao Si-ho* (毛 西 河), et la plupart
de ceux que l'on aime à lui opposer, étaient tout aussi matérialistes que *Tchou Hi* (1). Leurs attaques n'ont jamais porté que sur
des points de détail, importants sans doute à leurs yeux, mais qui
ne sont pour nous que d'un intérêt tout-à-fait secondaire.

Quoi qu'il en soit, peu d'années après la mort du philosophe, la réputation de ses œuvres était déjà si bien établie, que
l'Empereur *Li-tsong* (理 宗), la seconde année de son règne,
(1226) lui décernait le titre de 太 師 *Grand Maître.* Bientôt, cédant aux vœux des lettrés, il l'admettait au Temple de Confucius
(1241), au rang des *Sien-jou* (先 儒). «Depuis lors, dit Meadows
(*The Chinese and their Rebellions*), c'est-à-dire depuis le milieu du
treizième siècle jusqu'à nos jours, durant une période de six
siècles et demi, ses idées philosophiques, morales et politiques
ont toujours eu en Chine une autorité suprême». Le Rév. Griffith
John, dans un article publié par le Journal de la Société Asiatique
(N° 1 de Sept. 1860), sous le titre «*The Ethics of the Chinese,
with special reference to the doctrines of human nature and sin*»,
exprime le regret de ne pouvoir souscrire au jugement du grave
auteur sur l'influence actuelle de *Tchou Hi*. Il se croit, au contraire, en mesure d'affirmer que des milliers de lettrés chinois de
nos jours ne lisent pas leurs Classiques par les yeux de ce philosophe, mais pensent et jugent par eux-mêmes. L'affirmation est
aussi catégorique qu'elle peut l'être; elle a été répétée depuis par
quelques auteurs européens, mais sans plus de preuves à l'appui.
En vérité, depuis la fin du 12ᵉ siècle, quelle résistance sérieuse
l'enseignement philosophique des *Song* a-t-il jamais rencontrée?
Peut-on citer une réfutation du système matérialiste de *Tchou-tse,*
faite par un lettré célèbre, et qui ait réussi, sinon à créer une é-
cole indépendante, du moins à détourner quelque peu le funeste
courant?

Au 17ᵉ siècle, un certain *Wang Se-hoai* (王 嗣 槐) composa un ouvrage en quatorze chapitres, intitulé *Dissertation sur
le T'ai-hi t'ou-chouo* (太 極 圖 説) de *Tchou-tse.* Il y voulait

---

(1) Pour ce qui regarde *Mao Si-ho* en particulier, il suffit de lire ses explications sur
le *Tchong-yong* (surtout les chap. 30 et suivants), pour être convaincu de la vérité de ce
que nous affirmons.

déprécier les doctrines des philosophes de la dynastie *Song,* en montrant que leur *T'ai-ki* est d'invention taoiste et en opposition avec les principes de l'antique orthodoxie. Mais le résultat de cet effort isolé fut nul, ou à peu près. Avant *Wang Se-hoai,* dans la première moitié du 16° siècle, *Wang Yang-ming* (王 陽 明) avait essayé de diminuer à son profit l'influence déjà depuis longtemps fortement établie de *Tchou Hi.* Ces attaques, loin de porter atteinte à l'autorité de celui contre lequel elles étaient dirigées, tournèrent au désavantage de leur auteur. Il trouva de vigoureux adversaires, entre autres *Louo Tcheng-ngan* (羅 整 庵, 1465-1547), et il fut réduit à se défendre lui-même; car on ne l'accusait de rien moins que d'être un Bouddhiste déguisé et d'avoir puisé ses théories aux sources empoisonnées de *Fou* et de *Lao-tse.*

Un commentateur plus moderne (1623-1713) nommé *Mao K'i-ling* (毛 奇 齡). plus connu sous le nom de *Mao Si-ho* (毛 西 河), s'est signalé par une indépendance peu commune à contredire les opinions de l'école de *Tchou Hi.* Mais jusqu'à quel point cet essai a-t-il ébranlé l'autorité de ce dernier? Il nous semble que nous ne nous trompons pas en affirmant qu'il reste toujours, pour la masse de ses compatriotes, le chef de l'orthodoxie, le commentateur officiel, le maître incontesté de la nation. M^r. J. Edkins (*Chinese Buddhism,* p. 361) croit que ce jugement est erroné; qu'on ne doit pas considérer les vues de ce philosophe comme définitives et comme l'expression acceptée de la pensée chinoise, ancienne et moderne (1). « Et, de fait, ajoute-t-il, il n'est peut-être pas un auteur qui ait été plus sévèrement jugé et condamné par les écrivains plus récents.» — Mais, demanderons-nous, quels sont ces juges indépendants? Quelle autorité avaient-ils? Quelle valeur a-t-on attaché à leur jugement? Quelle influence a pu avoir leur critique personnelle sur la généralité des étudiants et des lettrés? Autant de points qu'il serait utile d'élucider. En attendant, il nous semble que la vérité est que l'influence de *Tchou Hi* demeure encore, hélas! prépondérante. La masse des Chinois ne comprend quelque chose de ses anciens Livres que d'après l'interprétation qu'il en a donnée dans ses commentaires. Ces commentaires sont dans toutes les écoles de l'Empire, répandant dans les esprits encore tendres les idées matérialistes, dont il est difficile qu'il ne reste quelque trace toute la vie. Les jeunes aspirants au Baccalauréat, lors de leur premier examen, composent une dissertation philosophique (性 理 論), en mettant à contribution les nombreux passages du système de *Tchou Hi,* qu'ils ont rencontrés *passim* dans les explications classiques des quatres Livres et des cinq

---

(1) Some foreign scholars appear to me to have erred in regarding his views as final, and as the accepted expression of Chinese thought, ancient and modern (l. cit.).

King. Pourraient-ils donner autre chose que ce qu'ils ont appris sur les bancs de l'école?

Les honneurs du Temple de Confucius ne sont décernés qu'aux représentants les plus autorisés de la pensée nationale, aux lettrés orthodoxes et aux hommes d'Etat les plus influents. Or, parmi les célébrités que la postérité a honorées de cette distinction posthume, combien en trouvera-t-on qui aient fait opposition aux idées matérialistes qu'ont vulgarisées les travaux de *Tchou-tse*? Depuis le 13e siècle, parmi plus de quarante *sien jou* (先 儒) associés au culte des anciens sages, bien rares sont ceux qui ne se sont pas montrés ardents admirateurs et disciples enthousiastes du coryphée de l'Ecole moderne. C'est qu'ils voyaient sans doute en lui le continuateur des vraies traditions de l'antiquité, obscurcies depuis la mort de *Mong-tse*. Vers le milieu du 13e siècle, les princes mongols n'avaient pas encore, après cinquante ans de combats, achevé la conquête de la Chine, que déjà ils étaient eux-mêmes subjugués par l'ascendant d'une civilisation supérieure. En 1280, *Koublaï khan* (忽 必 烈, 1260-1295) devenait, sous le nom de *Che-tsou* (世 祖), seul maître de l'Empire, par la mort de *Ti-ping* (帝 昺), dernier rejeton de la famille impériale des *Song*. Le chef de la nouvelle dynastie se montra constamment le protecteur des lettres. Ses successeurs imitèrent en cela son habile politique et purent se flatter d'avoir presque fait oublier leur titre odieux de conquérants étrangers. Sous la dynastie nationale des *Ming* (1368-1644), les études furent aussi florissantes qu'aux plus beaux jours de la littérature; et toujours les idées de *Tchou Hi* jouirent d'une autorité sans conteste. La famille impériale considérait en lui une des gloires de son nom (朱). C'est en 1415, la 13e année de *Yong-lo* (永 樂, 1403-1425) que fut publiée la fameuse compilation du *Sing-li ta-ts'iuen* (性 理 大 全), œuvre absolument indigeste, contenant les élucubrations plus ou moins philosophiques tirées des écrits de 120 lettrés. Cette ennuyeuse rapsodie en 70 longs volumes fut le triomphe des idées de *Tchou-fou-tse*. La 14e année de *Tch'ong-tcheng* 崇 禎 (1642), dernier Empereur des *Ming,* un décret impérial ordonnait que, par une distinction sans précédent, la tablette de *Tchou-tse* fût transférée de la place qu'elle occupait parmi les Lettrés célèbres (先 儒), au rang des 70 disciples immédiats de Confucius (先 賢). Deux ans après, la dynastie *Ming* disparaissait sous les coups des Tartares mandchoux. La dynastie étrangère (大 清), dès son avènement au pouvoir, suivit la sage politique des Mongols (元).

Pour attacher à sa cause la masse influente des lettrés, elle montra un zèle extraordinaire à promouvoir l'étude des anciens Livres. Dans ce but, les premiers princes de la nouvelle famille impériale. Entre tous, l'illustre *K'ang-hi, Yong-tcheng* et *K'ien-long* (康 熙, 雍 正, 乾 隆) ajoutèrent à leurs paroles la force plus grande de l'exemple. Ils devinrent eux-mêmes des maîtres consommés dans la littérature chinoise. Ils ne considérèrent jamais comme un vain titre leur position de Chefs suprêmes du *Jou-kiao* (儒 敎); mais. fidèles à leur mandat, ils voulurent diriger les études de leurs nouveaux sujets dans la voie de l'orthodoxie confucéenne. Or, dans ce dessein, ils n'ont pas cru pouvoir leur indiquer de meilleurs modèles, des guides plus sûrs que les philosophes de l'école des *Song* et surtout *Tchou-tse,* qu'ils proclamèrent officiellement, à plusieurs reprises, l'interprète le plus autorisé des Livres sacrés.

K'ang-hi (1662-1723) avait appris de bonne heure la doctrine des anciens sages. telle que l'ont comprise et exposée les philosophes *Tch'eng* (程) et *Tchou* (朱). Nous en avons la preuve dans les *Leçons journalières* (日 講 四 書 解 義), ouvrage où les professeurs chinois du jeune monarque tartare consignent, dans un style clair et limpide, les explications sur les Quatre Livres, qu'ils avaient données oralement à leur impérial élève. C'est la 17ᵉ année du règne de ce prince (1678), que furent publiées ces *Leçons,* dont le souverain voulait faire bénéficier son peuple, afin que tous les esprits fussent, comme le sien, formés d'après les principes de la saine orthodoxie (1). Son zèle pour cette œuvre de vulgarisation de ce qu'il jugeait être la vraie doctrine de Confucius, ne se démentit jamais, jusqu'à la fin de son long règne. En 1712, un décret impérial plaçait *Tchou-tse* dans la Salle de la Grande Perfection (大 成 殿), immédiatement après les *Dix Sages.* Lorsque, ving-six ans plus tard (1738), pour cause de symétrie, la tablette de *Tse-jouo* (有 若, 子 若) fut transportée aussi dans cette Salle. l'ordre chronologique seul fit mettre *Tchou-tse* au douzième rang, le 6ᵉ contre le mur de l'Ouest. tandis que la 6ᵉ place à l'Est était donnée à son aîné. Ainsi fut complété le nombre des douze Sages (十 二 哲), qui, dans le bâtiment principal du Temple, forment, avec ses Quatre Associés (四 配), la garde noble du Sage parfait (至 聖 先 師 孔 子). Confucius.

En 1712, *K'ang-hi* ordonna à son secrétaire *Li Koang-ti* (李 光 地) de travailler à la publication des Œuvres complètes de *Tchou-tse* (朱 子 全 書). Quelque temps après, *Li Koang-ti* étant tombé malade, l'Empereur désigna par un décret un autre lettré, *Tchang Yu-chou* (張 玉 书), pour surveiller le travail. Dans ce décret, *K'ang-hi* exprimait, dans les termes les plus forts, l'importance capitale qu'il attachait à cette œuvre : 癸亥⋯⋯又諭張 玉書曰; 朕 所 纂 輯 朱 子 书, 現 在 李 光 地 處 校 勘, 彼 既 有 疾, 汝 可 閱 之; 此 是 極 切 寶 緊 要 之 書; 須 隨 得 隨 刻· 亟 令 告 成 (Cf. 東 華 錄, 卷 十 八; 康 熙 五 十 年, 1712). En tête de l'ouvrage, l'Empereur écrivit lui-même une préface, où il fait l'éloge le

---

(1) Deux ans plus tard (1680), parut l'explication du *Chou king* 御 製 日 講 書 經 解 義· "It has, dit Legge, all the qualities which I ascribed to the sister work on the Four Books, being full, perspicuous and elegant"

plus pompeux de l'auteur et de sa doctrine. Un mot la résume:
K'ong-tse est grand et Tchou-tse est son prophète!

Il nous apprend que, rentré dans sa capitale après sa campagne
victorieuse contre les Eleuthes, il résolut de chercher désormais non
la gloire des armes, qu'il ne saurait envier à *Ts'in Che-hoang* (秦 始
皇 帝) ou à *Han Ou-ti* (漢 武 帝), mais celle qu'apporte aux princes
pacifiques la culture des lettres. Il s'est depuis lors adonné à l'étude
avec ardeur: et, après plus de vingt ans d'un travail opiniâtre, il a
clairement reconnu combien est solide l'enseignement des lettrés de
la dynastie *Song*. *Tong Tchong-chou* et *Han wen-kong* (1) n'a-
vaient pas su pénétrer parfaitement la doctrine de Confucius et de
Mong-tse. Les travaux de *Chao Yong* (1011-1077), de *Tcheou-tse*
(1017-1073) et des frères *Tch'eng* (*Ming-tao* 明 道. 1032-1185, et
I tch'oan 伊 川, 1033-1107). avaient fait beaucoup pour le progrès
des lettres. Mais vint *Tchou fou-tse*, qui les éclipsa tous. Réunis-
sant en sa personne la perfection du génie (集 大 成). il renoua
enfin le fil des traditions rompu depuis plus de mille ans (而 絕 千
百 年 絕 傳 之 學): dissipant les ténèbres de l'ignorance, il a éta-
bli pour toutes les générations à venir une règle d'interprétation
invariable. qu'un Saint même, si à l'avenir il en paraissait sur la terre.
ne pourrait transgresser (開 愚 蒙 而 立 萬 世 一 定 之 規…………
雖 聖 人 復 起 必 不 能 逾 此) (2).

Et l'Empereur ajoute qu'après une étude consciencieuse et appro-
fondie de la doctrine de *Tchou Hi*, il demeure pleinement convaincu
que sans elle il est impossible de rien comprendre aux mystérieuses relations qui existent entre le ciel et l'homme; sans elle encore, il est
impossible de gouverner en paix un Empire si vaste: impossible sans
elle au prince de perfectionner sa personne et de faire goûter à ses peuples les fruits si désirables d'un sage gouvernement...... En conséquence il charge les Docteurs *Hiong Se-liu* (熊 賜 履) et *Li Koang-li*
(李 光 地) de recueillir précieusement jusqu'aux moindres phrases
tombées du pinceau du grand maître; et de réunir le tout pour une
publication sous le titre de : Œuvres de *Tchou-tse* (朱 子 全 書).
Trois ans plus tard (1717, 56° de son règne), *K'ang-hi* affirmait de
nouveau sa haute estime pour les opinions philosophiques de l'Ecole
moderne, en ordonnant à son secrétaire *Li Koang-li* de former
une commission, qui travaillerait à préparer une édition moins indigeste du *Sing-li ta-ts'iuen* (性 理 大 全). publié en 1415 par ordre
du 3° Empereur des *Ming* (成 祖 ou 永 樂). L'ouvrage fut bientôt
prêt; il parut en quatre volumes sous le titre de *Sing-li tsing-i*
(御 纂 性 理 精 義), ou *Imperialis editio Medullæ philosophiæ* (3).

---

(1) 董 仲 舒 (2e siècle av. J. C.), littérateur et homme d'Etat sous 漢 武 帝
(140 A. C.) — 韓 愈; 退 之; 昌 黎; 文 公 est son titre posthume : il fut homme
d'Etat, philosophe et poète célèbre sous la dynastie 唐 *T'ang* (768-824).

(2) Allusion à la parole de Confucius : 聖 人 復 起 不 易 吾 言 者 也.

(3) L'ouvrage fut, par ordre impérial, traduit en mandchou, afin de conquérir aux

Cet abrégé de philosophie a eu l'honneur de plusieurs éditions. En tête de la première, l'Empereur voulut mettre une préface de sa composition. Elle débute ainsi : Depuis les jours de notre jeunesse soixante ans se sont déjà écoulés, et jamais un seul instant les *King* et les Livres *(chou)* n'ont quitté nos mains. Les Saints et les Sages, qui se sont succédé depuis les âges reculés de *T'ang Yao*, de *Yu Choen* et des trois premières dynasties jusqu'à nos jours, dans les documents qu'ils se sont transmis, ne nous parlaient que de *Sing* (性, la Nature). Les lettrés de la dynastie *Song* furent les premiers à faire usage du terme *Sing-li* (性 理), voulant par là inculquer aux hommes que la perfection de la nature consiste uniquement à conformer tous ses actes aux principes de la droite raison............. Nous faisons savoir à tous les sujets de notre Empire (天 下), que quiconque étudiera ce livre y trouvera sûrement de quoi accroître ses connaissances. Fait en l'an 56 de *K'ang-hi*, 1er jour de la 2e lune du printemps.

Le premier volume du *Sing-li tsing-i* (1) contient deux ouvrages de *Tcheou Lien-k'i*, le 太 極 圖 說 [1] et le 通 書 [2]; avec le 西 銘 [1] et le 正 蒙 [2] de *Tchang Tsaï* 張 載. — Le second comprend le 皇 極 經 世 書 [7] de *Chao Yong* 邵 雍; le 易 學 啟 蒙 [4] et le 家 禮 [4] ou Traité des Rites domestiques, l'un et l'autre de *Tchou Hi;* enfin le 律 呂 新 書 [2] ou Théorie des sons musicaux de *Ts'ai Yuen-ting* 蔡 元 定. — Le troisième contient, sous le titre général de 學 類, des principes sur l'éducation morale et intellectuelle, sur les relations sociales et l'étude de la littérature. — Le quatrième est un abrégé de métaphysique, de cosmogonie et de principes sur le gouvernement.

Jusqu'à ces derniers temps, nos plus savants Sinologues semblaient tous reculer devant la tâche ardue de traduire dans nos langues d'Occident cette somme philosophique extrêmement orientale pour le fond et pour la forme. Enfin Mr G. von der Gabeleutz et Mr W. Grube publièrent, l'un le *T'ai-ki t'ou-chou,* l'autre le *T'ong-chou* de *Tcheou-tse* (周 子). Après eux, Msgr Ch. de Harlez, déjà célèbre par ses vastes travaux de traduction et de critique sur l'Avesta ou Livres sacrés du Zoroastrisme, se lançait bravement dans ce nouveau champ d'exploration. En 1890, il offrait au public son «Ecole Philosophique moderne de la Chine, ou Système de la Nature *(Sing-li)*». C'était la traduction presque intégrale du premier et du second volumes de la Somme (性 理 精 義), avec les parties les plus intéressantes des deux autres. L'entreprise, il faut l'avouer, ne manquait pas de difficultés. Le génie

---

idées chinoises ceux dont les armes avaient conquis la Chine.

(1) Le chiffre mis après chaque ouvrage indique combien de Livres ou *kiuen* (卷) il occupe dans la grande compilation (性 理 大 全).

chinois diffère tellement du nôtre, qu'une traduction claire et
exacte d'un livre quelconque est toujours chose très difficile. Mais
la difficulté croit infiniment, lorsqu'il s'agit de rendre en une
langue européenne les idées bizarres de ces penseurs creux, qu'on
est convenu d'appeler philosophes. Aussi, tout en regrettant que
la traduction de Mgr de Harlez soit trop souvent inexacte et in-
complète, nous ne nous en étonnons nullement : le contraire serait
merveille. Il serait à souhaiter qu'il voulût bien reprendre lui-
même son travail et le confronter à nouveau avec le texte origi-
nal. L'œuvre ainsi perfectionnée rendrait un véritable service
non-seulement à la science sinologique, mais encore à la religion,
en montrant où vont aboutir les efforts de la pauvre sagesse
humaine, privée des bienfaits de la révélation.

Sous les règnes de *K'ang-hi* et de *Yong-tcheng,* fut aussi publiée
par ordre impérial la superbe édition des cinq *King.* En 1718, *Li P'ei-
ling* (李沛霖) donna au public sa Collection des plus importants commentaires des lettrés sur les Quatre Livres 四 書 諸 儒 輯 要.
— En 1730, paraissait, sous le nom de 翁 復, le 四 書 遵 註 合 講,
ou Commentaire officiel des Quatre Livres avec une paraphrase.

En 1745, la 10e année de *K'ien-long* (乾 隆), un des lettrés les
plus célèbres de la présente dynastie, *Wang Pou-ts'ing* (王 步 青),
publia un ouvrage de compilation fort estimé, sous le titre de 四
書 朱 子 本 義 滙 參, ou sens vrai des quatre Livres d'après
Tchou Hi, augmenté d'autres commentaires. Dans la préface,
l'éditeur exalte en ces termes le mérite de *Tchou-tse* : « Entre les
six Canoniques, le plus difficile à expliquer est le *I King* (易 經).
Chao-tse (邵 子) tenta de le faire au moyen des nombres ; *Tch'eng-
tse* (程 子), au moyen du principe *Li* (理) : mais *Tchou-tse* (朱 子)
seul a su pénétrer à fond et s'approprier la pensée intime des saints
qui composèrent ce Livre » — *Wang Pou-ts'ing* était alors âgé
de 74 ans, comme il nous l'apprend lui-même à la fin de sa
préface. Il se montra toujours un ardent admirateur de *Tchou
Hi.* D'ailleurs, ce qu'il disait à la louange de son maître, les
lettrés de son temps l'admettaient, on peut le dire, sans conteste ;
et ceux de ce siècle l'admettent encore à la presque unanimité.

La meilleure édition des quatre Livres 新 增 四 書 補 註 附
考 備 旨, œuvre d'un lettré de la dynastie *Ming,* parut en 1779
par les soins de *Tou Ting-ki* (杜 定 基).

En 1827, une autre édition très soignée, surtout au point de
vue typographique, était publiée par *Kao Lin* (高 琳), sous le titre
de 新 刻 批 點 四 書 讀 本. En 1852, une autre production remarquable du même genre 四 書 昧 根 錄 parut sous le nom de
Kin tch'eng (金 澂, 字 秋 潭). Tous ces ouvrages, et bien d'autres
encore, sont classiques ; ils ont eu de nombreuses éditions et répandent par tout l'Empire les explications du commentateur officiel,
qu'ils reproduisent toujours intégralement.

En 1868, la librairie 正 誼 堂 publiait au *Fou-kien,* sous

le haut patronage de *Tsouo Tsong-tang* (左 宗 棠), alors vice-roi
de cette province, une édition nouvelle et considérablement aug-
mentée d'une importante collection des ouvrages littéraires et
philosophiques les plus célèbres (正 誼 堂 全 書). La première
édition était l'œuvre de *Tchang Pé-hing* (張 伯 行), fameux pour
son zèle à vulgariser les doctrines de l'Ecole des *Song*. Celui-ci
vécut en grand renom de savoir, sous les règnes de *K'ang-hi* et
de *Kien-long* (1652-1725). et a été admis récemment (1878) au
Temple de Confucius, à côté de son illustre contemporain *Lou
P'ing-hou* (陸 平 湖 ou 陸 隴 其, 1630-1692). La nouvelle édition
n'a pas moins de 160 volumes, dont 19 contiennent des œuvres
littéraires et philosophiques de *Tchou Hi*.

Terminons ici la série déjà bien longue de ces témoignages
en faveur de notre thèse, par un édit impérial paru tout récemment dans la Gazette officielle (京 報). par lequel l'Empereur
Koang-siu (光 緒) confirme de nouveau l'autorité suprême de
Tchou Hi dans la formation intellectuelle et morale de ses compatriotes. *Mao Si-ho* (毛 西 河), son principal adversaire, y est
sévèrement jugé et flétri; son ouvrage de controverse indépendante
y est condamné et mis à l'index. L'impression et la vente en sont
prohibées. Dans les examens littéraires. on exclura, avec encore
plus de soin que par le passé, toute composition qui soutiendrait
des opinions contraires à celles du Commentateur officiel. L'enseignement de *Tchou Hi* est donc, une fois de plus, proclamé *la
règle de l'orthodoxie confucéenne.* Voici la traduction fidèle de cet
important document:

«Décret de Sa majesté Impériale. daté du 15 de la 6ᵉ lune (20ᵉ
année de *Koang-siu*, 17 juillet 1894). L'Examinateur de la province du *Ho-nan*, *Chao Song-nien*, Nous a adressé un mémoire,
dans lequel il Nous prie de faire respecter la doctrine orthodoxe.
« *Mao K'i-ling*, dit-il, dans un ouvrage intitulé *Se-chou kai-ts'ouo*
四 書 改 錯, ou *Corrections d'opinions erronées sur les quatre Livres*,
abuse de la souplesse de son esprit, pour battre en brèche l'autorité des anciens sages. Dernièrement ce livre, reproduit par la
(photo-)lithographie. s'est beaucoup répandu. Quelques lettrés
d'une haute intelligence, séduits par les idées nouvelles qui y
sont énoncées, en sont venus à croire que les pensées de *Tch'eng*
(程) et de *Tchou* (朱) ne font plus loi. Je supplie Votre Majesté de
prohiber sévèrement . etc. » — Le *Se-chou kai-ts'ouo*
contient en effet plusieurs idées en opposition avec l'explication
orthodoxe de nos Livres. Il peut donc avoir une influence funeste
sur l'esprit des lettrés. Et, puisque déjà cet ouvrage a pénétré
jusqu'au *Ho-nan*, il est bien à craindre qu'il ne parvienne à
s'introduire également dans les autres provinces. Nous enjoignons
donc à tous les Vice-rois et Gouverneurs de publier une procla-
mation défendant, sous les peines les plus graves, la vente de ce
livre. Pour les compositions littéraires faites au temps des exa-

miens, que l'on se conforme religieusement aux prescriptions *jusqu'ici en vigueur* Que les Commentaires de *Tchou-tse* aient donc toujours, aux yeux de tous, l'autorité suprême (悉以朱註爲宗). Ne souffrez jamais que l'on y introduise des opinions contraires aux siennes, ce qui porterait grand dommage à notre littérature. Ainsi vous montrerez que vous partagez Notre extrême sollicitude à procurer la splendeur des lettres et l'orthodoxie de l'enseignement. Respect à cet ordre (1)!»

De tout ce qui précède il ressort que la gloire de *Tchou Hi* et son autorité n'ont fait que croître, depuis le début du 13e siècle jusqu'à nos jours. Sa mémoire a été honorée par les princes des quatre dernières dynasties, sans une exception. Il a été, et il est encore, universellement considéré comme l'Interprète autorisé de la vraie tradition, comme le Préservateur de la pure orthodoxie. Très rares sont ceux qui ont osé s'écarter, sur des points même de moindre importance, de la voie qu'il a tracée dans ses Commentaires pour l'intelligence des anciens livres. Pas un lettré chinois de quelque valeur, qui ait essayé de combattre dans son ensemble le système cosmogonique et psychologique dont *Tchou Hi* a été, sinon le fondateur, du moins le principal expositeur et le patron. La masse des étudiants puise dans ses livres les idées du matérialisme le plus absolu. Grâce à ses enseignements, l'esprit et le cœur d'un peuple immense semblent, pour longtemps encore, hélas! fermés aux nobles aspirations pour lesquelles le bon Dieu les a faits. Mais le bras divin n'est pas raccourci; et la sainte Eglise du Christ distribue à toutes les nations les paroles de la vie éternelle.

Puissions-nous, par nos prières et nos travaux, hâter, ne fût-ce que d'un instant, l'heureux jour où le Verbe de Dieu, dissipant enfin les ténèbres épaisses qui couvrent cette terre, sera connu, aimé, adoré de tous, puisqu'Il est lui seul la Voie, la Vérité, la Vie de tout homme venant en ce monde!

---

(1) [光緒二十年] 六月十五日奉 上諭:邢松年奏請尊毀先法;請在河南禁,不
崇正學一摺;據稱毛奇齡所著四書 改錯,自逞才辯,詆足法;現嚴禁爲宗,不
賢節近來石印等語。四書改省恐有遵正 說,以程朱有關督撫出示以朱註爲宗,不
南得嚴既再行出售;至校閱文體;用副朝 廷崇文正學至意;欽此.

IIᵉ PARTIE.

POINTS PRINCIPAUX DE LA DOCTRINE DE TCHOU HI.

———oo⚫oo———

CHAPITRE I.
PRINCIPES GÉNÉRAUX DU MONDE.

§   I. Évolution cosmique.
§   II. Matière et forme (理 氣, *Li* et *K'i*).
§ III. Grand Extrême (太 極, *T'ai-ki*).
§ IV. Double mode de la Matière (陰 陽, *Yn* et *Yang*).

———◆———

CHAPITRE II.

LES TROIS AGENTS (三 才, *SAN TS'AI*).

§   I. Ciel et Terre (天 地, *T'ien ti*).
§   II. Mythologie et Tradition.
§ III. Ciel-Père et Terre-Mère. — Génération spontanée
        (氣 化, *K'i-hoa*).
§ IV. Egalité. — Fraternité.

———◆———

CHAPITRE III.

L'HOMME.

§   I. Nature humaine.
§   II. Perfectibilité de l'homme. — Le Sage (君 子,
        Kiun-tse). — Rétribution.
§ III. L'homme parfait : le Saint.
§ IV. Ames et Esprits.
§   V. Vie et Mort.

———◆———

4

CHAPITRE I.

PRINCIPES GÉNÉRAUX DU MONDE.

§ I. *ÉVOLUTION COSMIQUE.*

On chercherait en vain dans les livres chinois l'idée de création, au sens complet du mot, c'est-à-dire de production du néant.
Pour les philosophes de l'Extrême-Orient, comme pour les Grecs
et les Romains de l'antiquité païenne, l'éternité de la matière est
un dogme fondamental. D'après eux, le monde a toujours existé
et existera toujours, roulant dans un cercle sans fin d'évolutions
successives. Une période de chaos succède avec une régularité
fatale à l'éclosion ou à l'épanouissement des êtres (1); et, après une
durée que *Chao K'ang-tsié* (邵康節) fixe à 129.600 ans, tout sera
de nouveau englouti dans le Chaos, qui épargnera cependant les
éléments d'une nouvelle reconstitution.

Cette opinion singulière sur la durée de l'évolution cosmique
est adoptée aussi par (2) *Tchou Hi* (III, 6) et par plusieurs des
auteurs cités dans le *Sing-li ta-ts'iuen* (性理大全). Ils appellent
cette période *Yuen* (元) ou la *Grande Année* (太歲), qu'ils repré-
sentent par la figure ci-jointe d'un cadran formé de douze subdi-
visions (會, *hoei*). Dans le premier *Hoei* (子 *Tse*), le Ciel (乾)
ouvre (開闢) le Chaos ou Grand Réceptacle. A la deuxième heure (丑, *Tch'eou*), la Terre (坤) apparaît à son tour. De leur union
féconde doivent sortir tous les êtres de l'Univers. Voici comment
un savant lettré *Ou Lin-tch'oan* (吳臨川) du temps des *Song* (宋
寧宗, 4e Empereur de la dynastie méridionale, 1195-1225), décrit
l'évolution initiale du Chaos (Cf. Appendix) :

---

(1) 混兮闢兮，其無窮矣, dit 周子 *Tcheou Lien-k'i.*

(2) Pour ne pas accumuler outre mesure les citations de textes chinois, nous renvoy-
ons à notre traduction du chap. 49e des Œuvres de *Tchou Hi*, qui forme la 3e partie de ce
travail. Le chiffre romain I indique la première section (理氣); II, la 2de (太極);
III, la 3e (天地). Les chiffres arabes indiquent les paragraphes.

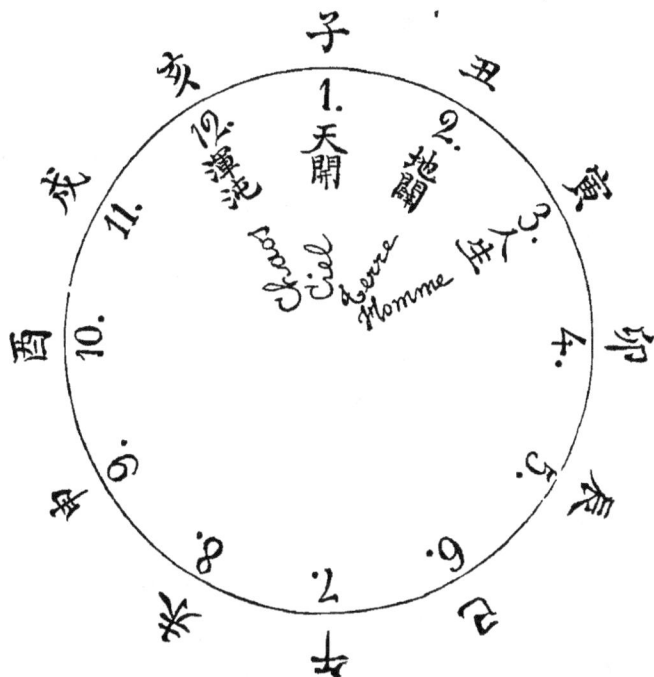

«La période cosmique *(Yuen, 元)* est de 129.600 ans. Elle
se divise en douze (會) *Hoei*, de 10.800 ans chacune. Lorsque le
ciel et la terre. dans leur révolution. atteignent le 11ᵉ *Hoei (Siu,*
戌) tous les êtres sont renfermés: c'est la fin de l'homme et de
tout ce qui existe entre le ciel et la terre. Encore 5400 ans et le
Hoei Siu est passé. La 5400ᵉ année après le commencement du
12ᵉ *Hoei (亥. Hai)* est le milieu de cette division : alors la portion
de matière lourde et grossière qui, en se solidifiant, avait formé la
terre, se désagrège. se dissout et, avec la matière légère et plus
subtile du ciel, se mélange en une seule masse : on appelle cet
état *Hoen-t'oen* (渾沌) ou *Chaos.* Ce mélange chaotique de la
matière pure et grossière tourne d'un mouvement de plus en plus
rapide; et, lorsqu'après un autre espace de 5400 ans le *Hoei
Hai* touche à sa fin. les ténèbres sont à leur dernier degré de densité. Et voilà une fin du monde (litt. du Ciel et de la Terre).

Au point (貞) *Tcheng* la grande période (元) recommence,
une nouvelle ère s'ouvre : c'est le commencement du 1ᵉʳ *Hoei (Tse*
子). Le Chaos dure encore, on l'appelle *T'ai che* (太始) ou *Grand
début,* parce que c'est le début d'une nouvelle période (元). On
l'appelle aussi la *Grande Unité* (太乙), parce que la matière (氣) subtile et grossière ne forme qu'une seule masse chaotique, qui ne s'est
pas encore divisée. Dès lors. la lumière va augmentant par degrés
(insensibles). Après une durée de 5400 ans, au milieu du *Hoei*
子 *(Tse),* la partie légère et subtile de la matière universelle, (氣
K'i) s'élève dans l'espace, formant le soleil, la lune, les planètes

et les constellations d'étoiles : ce sont les luminaires ou signes célestes dont l'ensemble constitue le ciel (visible).

Après un autre espace de 5400 ans, le *Hoei* 子 *Tse* (la 1ère heure du cadran cosmogonique) touche à sa fin. Voilà pourquoi l'on dit que «le Ciel s'ouvre (ou paraît) dans *Tse* (天 開 於 子)». Cependant la portion plus grossière de *K'i* est demeurée au centre, sans toutefois s'être formée en une masse solide : aussi la terre n'existe pas encore.

Une nouvelle période de 5400 ans s'écoule : c'est le milieu du 2e *Hoei (*丑 *Tch'eou)*. La matière plus pesante se tasse; elle commence à se solidifier, formant l'humus et les minéraux (divers). L'élément humide de la matière devient l'eau qui coule et reste liquide, tandis que l'élément calorique devient le feu qui brille et ne s'éteint pas. L'eau, le feu, l'humus et les minéraux ont ainsi leur forme spéciale et tous quatre ensemble composent la Terre. C'est pourquoi l'on dit que «la Terre a paru (litt. s'est ouverte) en *Tch'eou* (地 闢 於 丑), 2e heure».

Encore 5400 ans, le *Hoei Tch'eou* se termine; alors le 3e *Hoei Yn* (寅) commence; 5400 ans s'écoulent à partir de ce point; et au milieu de la 3e heure *(Hoei)* les êtres humains commencent à naître entre les deux, i. e. le Ciel et la Terre (兩 間). De là l'expression «(人 生 於 寅) l'homme est né en *Yn*» (1).

---

§ II. *LI* ET *K'I* (理 氣)

L'univers et chacune de ses parties sont composés de deux principes coéternels, infinis, distincts mais inséparables. On les nomme *Li* et *K'i* (理 氣). *Li* est le principe d'activité, de mouvement, d'ordre dans la nature; ce que nos évolutionnistes contemporains H. Spencer, Darwin, Hæckel appellent *une force de développement inhérente à la matière,* qui sans elle resterait inerte et, à son retour périodique au chaos, demeurerait dans une irrémédiable confusion (I. 9, 24). C'est le *dominans ille in nobis deus* de Cicéron, le *Spiritus intus alit......*, le *Mens agitat molem* de Virgile (Æn. VI.). *K'i* est la masse gazeuse, aériforme, indispensable à son coprincipe *Li,* qui sans elle ne saurait agir, ni même exister, car il manquerait de point d'appui (無 所 附 著......, 無 所 搭 處). *Li* est un principe nécessaire, aveugle, inconscient, semblable au *Fatum* des Latins (I. 10). Il ne peut y avoir entre ces deux coprincipes priorité ou postériorité de temps; on doit pour-

---

(1) Le lecteur aura peut-être remarqué que depuis l'apparition de l'homme sur la terre jusqu'au règne du chaos, c'est-à-dire depuis la 3e heure jusqu'au commencement de la douzième, il y a neuf divisions horaires. Ne pourrait-on pas avec quelque bonne volonté voir là une tradition des neuf âges qui, d'après la Bible, précédèrent le Déluge?

tant concéder à *Li* une certaine priorité de raison et de dignité, comme étant la source universelle de la vie, de la sensation, de l'intelligence et des (五 常) cinq Vertus morales (1) (仁 Bonté; 義 Justice; 禮 Convenance; 智 Sagesse; 信 Loyauté) [I. 5].

Li est imperceptible aux sens, *K'i* peut avoir une forme sensible; *Li* est illimité, *K'i* est compris dans des bornes fixes, lorsqu'il se condense pour former des êtres particuliers; *Li* est le fondement de l'unité, *K'i* est la source de la diversité entre les êtres. Voilà pourquoi, dit *Tchou-tse*, nous accordons la priorité à *Li* sur son coprincipe (2).

Le point de départ de l'évolution du monde a été nommé par *Tchang-tse (Tcheng-mong, initio)* le *Grand Calme (T'ai houo,* 太 利*)* Alors les éléments subtils de la matière universelle sont dans un parfait repos (至 靜 無 感); mais bientôt, sous l'impulsion du principe actif *Li*, le Grand Vide *(T'ai hiu,* 太 虛*)* commence la série périodique de ses transformations :

.... «Totam infusa per artus
Mens agitat molem et magno se corpore miscet».

Voyons, avant de passer outre, ce que nos philosophes entendent par leur *T'ai-hiu*. Admettraient-ils ici quelque chose de ce qu'ils appellent les détestables erreurs de *Lao-tse* et de Bouddha? — D'après *Lao-tse*, le Non-Etre (無 *Ou*), le Néant absolu, a précédé l'Etre et lui a donné naissance. D'après la doctrine Bouddhique, en dehors du Non-Etre, il n'y a rien de réel; tout n'est qu'illusion.

Les lettrés, eux, enseignent l'éternité de la matière, et rejettent l'idée du néant absolu. Par le mot *Ou* (無 Non-Etre) ou *T'ai hiu* (太 虛, Grand Vide) ils désignent seulement l'état de la matière universelle, alors que ses atomes sont tellement dispersés dans l'espace qu'ils sont imperceptibles aux sens. «Il répugne, dit *Tchang-tse*, que le *Grand Vide* existe sans la matière *K'i* (太 虛 不 能 無 氣); et cette matière ne peut pas ne pas se condenser pour former tous les êtres; et les êtres ainsi formés ne peuvent pas ne pas se dissoudre de nouveau pour reconstituer le Grand Vide dans sa forme première. Or, tous ces changements d'état se font d'une manière spontanée, fatale (3).

La condensation et la dispersion des atomes dans le *T'ai-hiu* peuvent se comparer à la congélation et à la fonte de la glace dans l'eau (4). «Nous savons pour sûr, dit le même auteur, que

---

(1) 五 常 之 性 則 理 也; 形 而 上 者 也 (elles sont suprasensibles).

(2) 理 無 迹 而 氣 有 形; 理 無 際 而 氣 有 限; 理 一 本 而 氣 萬 殊; 故 言 理 之 當 先 乎 氣·深 思 之, 則 無 不 通 也· (*Sing-li tsing-i*, 1er Vol. par. 理 氣, p. 2 r.).

(3) 太 虛 不 能 無 氣, 氣 不 能 不 聚 而 爲 萬 物, 萬 物 不 能 不 散 而 爲 太 虛; 循 是 出 入·是 皆 不 得 而 然 也·(*Tcheng-mong, 正 蒙*).

(4) 氣 之 聚 散 於 太 虛, 猶 冰 凝 釋 於 水· (Ib.)·

le Grand Vide n'est que le *K'i* lui-même (en différents états); il n'y a donc pas de néant absolu (知 太 虛 即 氣, 則 無 無). Aussi les anciens sages, lorsqu'ils dissertent de la nature et du premier principe *(Li)*, se bornent à mentionner les mouvements réguliers et les transformations de la matière. Tous ceux qui croient à la légère qu'il y a distinction de Être et Non-Être (諸 子 淺 妄 有 有 無 之 分.............), montrent par là qu'ils manquent de science philosophique (非 窮 理 之 學 也)».

Les deux principes, formel *(Li)* et matériel *(K'i)*, essentiellement inséparables, bien que distincts, constituent par leur éternelle union la *Grande monade (Tai-i,* 太 乙), être infini, intrinsèquement doué d'activité par la présence intime de *Li* qui le compénètre et en fait comme un animal immense, capable d'engendrer toutes choses en lui-même et de sa propre substance. Avant que la *monade* n'ait produit ses actes en se fractionnant à l'infini, on l'appelle aussi *Hoen-t'ien* (渾 天) et *Hoen-luen* (渾 淪), c'est-à-dire matière encore à l'état informe du chaos.

Lié-tse (列 子) appelait la matière première à l'état invisible *T'ai-i* 太 易, parce qu'elle est le sujet de toutes les productions et transformations dans la nature. Devenue visible par la condensation des atômes, il la nomme *T'ai-tch'ou* 太 初. Un lettré moderne, *Hiu Yong-tch'ai* 許 庸 齋, décrit comme il suit les divers états par lesquels l'Univers passe, avec une régularité fatale, du chaos à l'ordre et de l'ordre au chaos. Le passage est cité dans le *Sing-li ta-ts'iuen* (性 理 大 全) :

«Le monde immense (litt. 天 地, ciel et terre) est formé de la matière première avec ses deux modes *(Yn et Yang)*, tantôt imperceptible aux sens, tantôt visible dans ses transformations nécessaires, éternelles et sans fin. Il fut certainement un temps où tout était dans le chaos; puis se fit l'ouverture, l'éclosion (開 闢) du monde. Mais avant l'apparition de *Fou-hi* (伏 羲), combien de temps s'était déjà écoulé depuis l'Ouverture du monde, je l'ignore. Le Chaos (混 沌) et l'Ouverture (開 闢) sont deux états dans l'évolution de la matière, l'un de progression et de libre expansion, l'autre de déclin et puis d'arrêt : c'est ce que le *I king* (易 經) désigne par les deux caractères 泰 et 否.

«Lorsque la matière avec ses deux modes (陰 陽 之 氣) évolue et se répand librement (ce qu'on exprime par les mots 泰 et 通), alors le ciel, formé de la portion matérielle plus pure et plus subtile, s'élève et flotte en haut, tandis que la terre se condense et demeure en bas. Les hommes naissent et se multiplient entre le ciel et la terre. Alors paraît une nouvelle série de grands rois et de sages princes. La perfection humaine atteint son apogée. Après un si beau début, un tel épanouissement des êtres, il semblerait que le monde ne dût plus revenir à la confusion du chaos primitif. Mais le mouvement d'évolution de la matière ne peut pas toujours être en progrès, ni son expansion se faire sans obstacle. Quelque cent mille, ou peut-être seulement quelque dix mille ans s'écouleront, après quoi le progrès sera sûrement suivi d'une période de déclin; après la libre expansion viendra l'arrêt, l'obstruction.

«Enfin, au dernier point de déclin et d'obstruction, la matière plus subtile, qui s'était élevée pour former le ciel, en redevenant impure s'abaissera par degrés: la matière condensée qui, en se tassant, avait formé la terre, se désagrégera. La multiplication si grande des humains diminuera aussi, puis s'arrétera complètement. Alors les cinq éléments n'auront plus leur action propre. L'eau et le feu agiront contrairement à leur nature. Le feu, au lieu de briller dans l'espace, pénètrera dans les profonds abîmes. L'eau, au lieu de remplir les cavités terrestres, s'élèvera en bouillonnant (cf. III, 4). Ainsi l'eau et le feu agiront l'un et l'autre contrairement à leur propension naturelle; mais l'eau doit être l'agent principal qui réduira le ciel et la terre au chaos. Tout ce qui a été produit auparavant, redevient dès lors une masse confuse. Et, lorsque le monde rentre ainsi dans le Chaos, la seule chose qui ne périt pas, c'est la matière primordiale (元 氣).

«Cette matière première conservée sera l'instrument d'un nouvel état de progrès (泰) succédant à la période de déclin, et de libre expansion après un temps d'arrêt. Quelque cent ou quelque mille ans peut-être se passent; puis la matière céleste, qui s'était abaissée en se chargeant d'impuretés, redevient pure et s'élève de nouveau; la matière terrestre, qui s'était désagrégée, reprend sa densité et s'entasse; les êtres humains, détruits jusqu'au dernier, reparaissent sur la terre et s'y multiplient. Pendant que la matière universelle évolue, progresse et se répand sans obstacle, tout ce qui existait à l'état de chaos retrouve son épanouissement dans un ordre nouveau. Ainsi donc le monde passe graduellement de l'éclosion des êtres au chaos, par la même raison qu'il avait d'abord progressivement passé du chaos à l'épanouissement. Et, au début de l'ère nouvelle, il doit nécessairement y avoir des hommes d'une intelligence et d'une sagesse extraordinaires, qui gouvernent comme lieutenants du ciel, et ainsi la perfection des humains est à son apogée. Au commencement de chaque Ouverture du monde, il paraît un sage *Fou-Hi* (伏 羲)». (Cf. texte chinois à l'Appendice).

§ III. *T'AI-KI.*

T'ai-ki (太 極) est un autre nom du principe d'activité *(Li)*, considéré maintenant par rapport à la formation prochaine des êtres. Il peut se définir : l'ensemble des énergies de la masse universelle, la cause formelle prochaine du monde dans chacune de ses parties (cf. II; 1, 2 et *passim*) (1). Le commentateur classique du *Li-ki* (禮記) donne de *T'ai-ki* la définition suivante. où le P. Prémare a dû voir un *vestige* bien marqué du dogme de la Trinité : 太 極, 函 三 爲 一 之 理 也 : c'est le principe d'unité des trois Agents universels (三 才, i. e. le Ciel, la Terre et l'Homme).

Tout être physique ou moral, les portions parfaites *(Yang* 陽) et imparfaites *(Yn* 陰) de la matière, les cinq éléments (五 行), les passions même de plaisir, de joie, de colère, de tristesse; tout sans exception est informé de *T'ai-ki* et le possède dans son intégrité. Il est en toutes choses, et cependant reste un, sans division. C'est, dit *Tchou Hi*, comme la lune qui éclaire la nuit : elle est une au ciel; et lorsqu'elle répand sa douce lumière sur les fleuves et les lacs, on la voit reflétant partout son disque, sans que l'on puisse dire pour cela que la lune est divisée et perd son unité (II. 11). «Jamais. s'écrie Mr E. J. Coulomb, dans son livre *Le secret de l'Absolu,* jamais la philosophie occidentale n'a atteint ces hauteurs!» Pauvres Occidentaux. espérez; bientôt la lumière se lèvera pour vous. Le grand Coulomb et son vénérable ami Arthur Arnould vous apportent la sagesse de l'Extrême-Orient! Oyez et pâmez-vous d'enthousiasme; bénissez les apôtres du *T'ai-ki!*

Tchou Lien-k'i commence son premier ouvrage (太 極 圖 說) par les mots *Ou hi eul t'ai ki* (無 極 而 太 極). L'expression prêtait à diverses interprétations : elle ne manqua pas de soulever bien des disputes. Les uns y voulurent voir admise par le fondateur de la nouvelle Ecole la doctrine taoïste du Néant (無), qui aurait précédé la naissance du monde, et d'où serait spontanément sorti le *T'ai-ki,* cause plus immédiate de tous les êtres. Pour donner plus de crédit à leur interprétation arbitraire, ils allèrent jusqu'à forger un texte dans lequel, disaient-ils, le maitre avait lui-même expliqué ainsi sa pensée : 自 無 極 而 爲 太 極 «Sorti du néant, il devint Grand Extrême.»

Mais *Tchou Hi* rejette avec indignation un pareil commentaire inventé à plaisir. Suivant lui, la phrase *Ou hi eul t'ai ki* ne veut pas dire qu'en dehors de *T'ai-Ki* il existe un être éternel qui serait (無) le Néant Absolu. mais que dans le Non-Etre (無) relatif qui, comme on l'a vu précédemment, constitue le Grand Vide, réside *Li.* le premier principe éternel informant la matière universelle, dont les atômes dispersés sont encore imperceptibles aux sens. Dans la phrase en litige, la particule 而 est donc une simple conjonction et n'implique pas une idée de conséquence ou de déduction (此 而 字 輕 無 次 序 故 也). *Ou ki* ne doit pas être

---

(1) 眞 德 秀 曰…… 所 謂 萬 理 一 原 者 太 極 也; 太 極 者 乃 萬 理 總 會 之 名. (*T'ong-chou* 通 書 p. 10 r. l. 16).

pris comme un *substantif*, mais commè un *adjectif* qualifiant *T'ai-ki*. *Tcheou-tse* dit donc qu'il fut un temps où ce *T'ai-ki*, qui à présent se manifeste à nous par la matière condensée dans les êtres corporels, se tenait encore caché dans la matière invisible et sans forme.

Tchou Hi trouve d'ailleurs dans le contexte même une preuve sans réplique contre les assertions de ses adversaires. Car *Tchou-tse* emploie bientôt après le terme *Ou ki* comme synonyme de *T'ai-ki*, lorsqu'il dit: 無 極 之 眞, 二 五 之 精. Et puis il ajoute que si, pour *Lao-tse*, l'Etre (有) et le Non-Etre (無) sont deux choses tout à fait opposées, il n'en est pas de même pour *Tcheou-tse*. Celui-ci ne reconnait entre l'un et l'autre qu'une différence d'état accidentelle. *Ou* (無) signifie pour lui la matière (氣) informée par *Li* (理), mais imperceptible encore; *Yeou* (有), au contraire, est la matière dont les atomes condensés ont déjà pris (1) une forme sensible (形). Donc la particule 而 du passage en question n'infère aucune idée de causalité du premier terme à l'égard du second, mais une simple conjonction de deux idées équivalentes.

---

§ IV. *YN* ET *YANG*.

Partant de ce fait d'expérience (2) que le chaud et le froid sont les causes qui produisent et altèrent toutes choses et que la chaleur provient du mouvement, le froid du repos, nos Philosophes enseignent que la Matière (氣). comme un globe infini, animée par son coprincipe *Li*, se mit un jour en mouvement sous son influence dirigeante (理, diriger, ordonner). Le mouvement sépara peu à peu l'élément igné et l'élément aqueux, qui s'étaient mélangés durant le règne du Chaos (III), et produisit bientôt la chaleur et la lumière (3). Dès lors, les atomes de la matière première formèrent dans le Grand Vide comme deux courants distincts, positif et négatif. doués de qualités diverses, dont le dosage, gradué à l'infini, déterminera la perfection ou l'imperfection relative des êtres, au physique et au moral (4). «Il est curieux, remarque le Dr. W. A. P. Martin *(Hanlin Papers* p. 215 : On Oriental Dualism), de voir le phénomène de la lumière uni à celui du mouvement.

---

(1) 以 其 未 形 而 謂 之 無 耳;............以 其 可 見 而 謂 之 有 耳 *(Tchou Hi)*.

(2) Cf. P. Longobardi, Traité sur quelques points de la Religion des Chinois, p. 34.

(3) 問 · 只 温 熱 之 氣 · 便 是 火 否 · 曰 然 (sect. 49 des Œuvres de *Tchou Hi*. 五 行 · n 36).

(4) Cf. Zottoli Cursus Litter. sin. 3ᵐ Vol. p. 520.

Les anciens chinois auraient-ils prévu la théorie de l'ondulation et toute la doctrine moderne de la Thermodynamique? La théorie physique qui rapporte tout à *Yn* et à *Yang*, prend sa source dans le *I king*, le plus ancien (1) de leurs Livres sacrés».

Le Dr. J. Legge, à la page 45 de son Introduction du *I King*, donne la traduction du passage où. pour la première fois, il est fait mention de *Yn* et *Yang;* il se trouve dans le paragraphe 4e du 5e Appendice, d'après la division adoptée par lui; pour les Chinois, c'est la 8e des dix parties ou *Ailes* (翼) qui composent le Commentaire de ce livre. L'auteur se pose ensuite cette question : «Do we find (here) *Yang* and *Yin* not merely used to indicate the quality of what they are applied to (i. e. les lignes des symboles), but at the same time *with substantival force*, denoting what has the quality which the name denotes (i. e. la matière elle-même en ses deux modes ou manières d'être)? Had the doctrine of a primary matter of an ethereal nature, now expanding and showing itself full of activity and power as *Yang*, now contracting and becoming weak and inactive as *Yin* : — had this doctrine become matter of speculation when this Appendix was written?»

M^r. Legge avoue franchement que la plupart de ceux qui se sont jusqu'ici occupés du *I King* tiennent pour l'affirmative, sans soulever là-dessus le moindre doute. «The Chinese critics and commentators *for the most part* (y en a-t-il un seul qui soutienne évidemment le contraire? Je ne le crois pas), assume that it had. — P. Regis, Dr. Medhurst, and other foreign Chinese scholars repeat their statements without question. I have sought in vain for proof of what is asserted». La meilleure preuve, à notre avis, c'est que la question n'a jamais été disputée entre les nombreux interprètes de ce livre antique. Et, si quelques-uns nous disent, comme dans le spécimen rapporté dans la note de la page 44, que «les Sages (i. e. *Fou-hi* et *Wen Wang*), pour faire correspondre

---

(1) Le *I King*, auquel on doit accorder au moins 3.000 ans d'existence, n'est cependant pas le plus ancien des livres chinois ; à moins qu'on ne veuille donner le nom de *Livre* aux quelques symboles de *Fou-hi*, qui servirent de thème à *Wen Wang* (文 王) et à son fils (且) le prince de *Tcheou* (周 公), pour leurs élucubrations fantaisistes, devenues le texte de ce livre canonique entre le 12e et le 13e siècle seulement avant l'ère chrétienne. Les commentaires ou Appendices n'y furent ajoutés que six ou sept siècles plus tard. Les premières Annales du *Chou-King* existaient plus de mille ans avant l'œuvre du roi *Wen*, le véritable auteur du *I King*. De même, plusieurs des Odes du *Che King* remontent au-delà de l'avènement des *Tcheou* (周). Il n'est donc pas vrai que le *I King* soit *Antiquissimus Sinarum Liber* (titre de l'ouvrage du P. Régis publié seulement en 1834 à Stuttgard par Jules Mohl); *the most ancient of their classical writings*, comme le dit le chanoine Mc Clatchie (Introduction to the *Yi King*); the oldest of their sacred Books, comme le répète ici W. A. P. Martin. (Cf. J. Legge's Introd. *Yi King* p. 6-7).

leurs symboles avec les principes sur lesquels repose la nature
des hommes et des autres êtres, nommèrent ces symboles *Yn* et
Yang......» ne supposent-ils pas, dis-je, par cela même, qu'une
réalité *a parte rei* répond à ces noms?

De plus, au chapitre 禮運 du *Li ki* (禮記), on lit ces mots
qui nous semblent un argument concluant : 夫禮必本於太一,
分而爲天地, 轉而爲陰陽, 變而爲四時, 列而爲鬼神, 其
降曰命. Il s'agit bien ici de la matière première (太一), au
sens que nous avons vu plus haut, et cette matière, animée d'un
mouvement circulaire. manifesta ses deux modes intrinsèques
d'inégale perfection et doués de qualités opposées (轉而爲陰
陽).

Le *Kia yu* (孔子家語), livre très ancien, bien qu'il n'ait
été publié que vers le milieu du 3e siècle par *Wang Sou* (王肅
P. C. 240), qui l'avait touvé chez un descendant de Confucius à
la 22e génération. reproduit ce chapitre du *Li-ki;* et, au mot 太
一. l'éditeur ajoute cette explication 太一者元氣也. Le 禮記
dit que l'Empereur sacrifie au Ciel sur le Tertre du Midi. afin
d'être plus près du siège de *Yang* (南郊就陽之位).

Dans son commentaire du *Hong-fan* (洪範傳), *Lieou-Hiang*
(劉向, A. C. 80-9) appelait le soleil la quintessence de la matière
la plus parfaite (至陽之精). Les Commentateurs du 春秋, *Tsouo
Kieou-ming* (左邱明). *Kong Yang-kao* (公羊高) et *Kou Liang-chou*
(穀梁淑) rapportent que. pendant la durée d'une éclipse de soleil,
les magistrats convoquaient le peuple: on battait le tambour, on
offrait des pièces de soie. on frappait l'instrument des veilles, on
attachait les dieux lares avec des fils de soie, et dans une circons-
tance aussi critique tous unissaient leurs efforts pour soumettre
la matière imparfaite *(Yn)* et aider le triomphe de *Yang* (1).

Il ne fallut donc pas, comme le croit Mr. Legge, plus de
mille ans après l'achèvement du *I King,* pour que la doctrine d'une
matière première eût sa place dans l'enseignement de l'école confucéenne : «It took more than a thousand years after the closing
of the Yì to fashion in the Confucian school the doctrine of a
primary matter. We do not find it fully developed till the era of
the Sung dynasty, and in our eleventh and tenth centuries.» Il
est vrai, la philosophie matérialiste dans son ensemble ne reçut
son plein développement que sous l'impulsion de *Tchou Hi* et des
lettrés de son époque. Mais les idées des lettrés de ce pays étaient
déjà profondément matérialistes avant que ne fût conçu et rédigé
ce système. qui nous semble ne cadrer, hélas! que trop bien
avec les idées exprimées dans les ouvrages chinois d'une très
haute antiquité, peut-être dès avant l'avènement des *Tcheou* (周).

---

(1) 伐鼓用幣擊柝縈絲, 共抑陰而助陽 (cité dans le 事類
賦).

II. — Les trois agents

La matière avec ses deux modes (兩儀) se nomme *Yn-yang tche k'i* (陰陽之氣). Sous l'action motrice et ordonnatrice de *Li* (理), la masse immense se meut avec une rapidité toujours plus grande : ses deux portions de qualités inégales se mélangent diversement, et de leur union naissent les cinq éléments (五行). qui entreront désormais comme agents constitutifs des êtres, dans les transformations subséquentes de la nature. A cause de leur degré de perfection relative, ils se livrent entre eux une lutte perpétuelle; et leur influence se neutralisant sans cesse, ils se succèdent l'un l'autre au pouvoir. Ces cinq monarques (五帝), qui se disputent ainsi l'empire du monde, avec des alternatives fatales de succès et de défaite, sont l'Eau (水), le Feu (火), le Bois (木). le Métal (金) et l'Humus (土). Le premier a son domaine régulier, sa résidence plus spéciale au Nord; le second, au Sud; le troisième, à l'Est; le quatrième, à l'Ouest, et le cinquième, au Centre (1).

Chap. II. — Les Trois agents.

§ I. *CIEL ET TERRE.*

Par l'effet du mouvement giratoire continu et extrêmement rapide d'où naquirent la chaleur et la lumière, les molécules les plus subtiles de la matière (陰陽之氣) s'élevèrent insensiblement jusqu'au sommet du neuvième orbe céleste. Ces neuf orbes (九重) ne sont pas des sphères parfaites, détachées les unes des autres. mais se développent en spirale continue, comme un ressort de montre. La matière y est d'une pureté et d'une clarté toujours plus grande, à mesure qu'elle s'élève du centre dans l'espace. Elle devient de plus en plus consistante, à mesure qu'elle se rapproche de la circonférence extérieure: et la neuvième et dernière spirale du sommet forme comme une écorce très dure. Là, le mouvement de rotation est le plus rapide (III. 3. 34).

Ainsi fut formé le ciel; il comprend le soleil, la lune et les étoiles qui tournent sans cesse autour de nous (III. 1), enfin l'atmosphère, où se répandent les cinq éléments. qui constituent par leur mélange la matière immédiate (五行之氣) dont tous les êtres ici-bas sont composés.

Cependant les molécules plus grossières, froides et ténébreuses se déposaient, se condensaient pour former la Terre, qui demeura immobile au centre du système, semblable à une grande

---

(1) On les nomme encore 五材, 五器, 五美, 五質.

(2) 五行之氣, 如温涼寒暑燥濕剛柔之類, 盈天地之間者皆是, 舉一物無不具此五者; 但其間有少分數耳 (sect. 49 五行 n. 45).

et large feuille que l'air environne de toutes parts. Elle doit sa
stabilité à la révolution très rapide de la machine ronde: si celle-
ci s'arrêtait un seul instant, aussitôt la Terre s'enfoncerait comme
un vaisseau qui sombre (1).

Le Ciel et la Terre existent maintenant à part. Mais dans
quelle relation sont-ils entre eux, quant à leur nature et quant à
leurs opérations? Et d'abord sont-ce deux êtres substantiellement
différents dans leurs éléments constitutifs, ou bien leur différence
n'est-elle qu'accidentelle? — La réponse est facile. Nous avons dit
comment ils ont été formés, l'un recevant en partage les particules
les plus subtiles de la matière préalablement élaborée (二 五 之 氣),
l'autre les plus grossières; mais tous deux intimement compénétrés
dans toutes leurs parties par Li, principe essentiel de vie, de bonté,
d'intelligence, dépendant toutefois, pour la manifestation de son
activité, des qualités plus ou moins parfaites de la matière qu'il
informe.

Les éléments matériels qui entrent dans la formation du Ciel
n'opposent point de résistance au principe actif; celui-ci trouve
donc en lui un instrument docile, au moyen duquel il manifeste
par de merveilleux effets sa bonté, son excellence sans mesure
(至 善). Le Ciel est de tous les êtres le plus digne d'honneur, le
plus parfait, le plus intelligent, la source de tout bien. Les titres
les plus magnifiques lui sont donnés dans le *Chou King*, où il est
appelé 上 天 *Chang T'ien*, Ciel supérieur, 昊 天 *Hao T'ien*, Ciel
brillant, 皇 天 *Hoang T'ien*, Ciel souverain; ou bien encore 帝 *Ti*,
Roi, 上 帝 *Chang Ti*, Suprême Dominateur, 皇 上 帝, *Hoang Chang
Ti* et 皇 天 上 帝 *Hoang T'ien Chang Ti*, Ciel Souverain et Suprême Régulateur. Ce dernier titre orne aujourd'hui encore la
tablette de l'Autel du Ciel, où l'Empereur offre seul des sacrifices.
Il semblerait que dans les *Annales* les mots *T'ien* et *Chang-Ti* désignent également bien la même idée: cependant, d'après *Tchou
Hi*, il y a entre *T'ien* et *Chang-Ti* cette différence, que le premier
s'emploie lorsqu'il est question de protection et d'entretien des
êtres inférieurs qui lui doivent l'existence, et le second pour indiquer l'idée de puissance et de gouvernement.

Les modernes matérialistes ne doutent aucunement qu'ils
n'aient le vrai sens des anciens Livres, tel que l'enseignaient les
Sages Confucius et *Mong-tse;* et peut-être ne serait-il pas si facile
de prouver le contraire, à moins qu'on ne réussisse à démontrer
que la logique avait autrefois en Chine plus d'empire sur les
esprits que de nos jours. Quoi qu'il en soit, loin de touver étranges et de rejeter ces beaux noms donnés à *T'ien*, ils en ont inventé plusieurs autres non moins honorables. Ils l'appellent le Maitre
(主), le Gouverneur (主 宰), le Grand Formateur du Monde (大 鈞).

---

(1) 使 天 有 一 息 之 停 則 地 須 陷 下 (III. 2).

C'est en vérité à faire croire, au premier abord, qu'il s'agit de notre vrai Dieu dont la Providence dirige et règle toutes choses: comme, par exemple, lorsque *Tchou Hi*, dans son commentaire, explique *Ti* (帝) par *T'ien tche tchou-tsai*, le Gouverneur du ciel (帝 者, 天 之 主 宰). Mais il est clair que tout l'ensemble de la doctrine philosophique de maître *Tchou* et des auteurs modernes en général, empêche absolument qu'on ne donne à cette expression, ou à d'autres semblables, un sens spiritualiste. *Ti* (帝), dit *Tchou-tse*, n'est autre que *Li* (理) agissant en maître (III. 20): c'est donc la force inhérente à la matière céleste, qui lui fait produire les êtres dans un ordre nécessaire et fatal. Cette propension naturelle à la production des êtres est également exprimée par le mot *Sin* (心, *mens*). Un disciple demandait si, dans l'expression *T'ien ti tche sin* (天 地 之 心), *Sin* avait le sens de *Tchou-tsai?* (心 是 主 宰 底 意 否). — «Oui, répondit le maître, il a sûrement le même sens; mais *Tchou-tsai* lui-même est l'équivalent de *Li*, c'est une même chose». — «Et *Ti*, est-il aussi l'équivalent de *Sin?*» — «Certainement, car ce que *Sin* (*mens*, l'âme) est à l'homme, *Ti* l'est au Ciel (人 字 似 天 字, 心 字 似 帝 字) (III. 20, 21, 27. 29).

L'expression *T'ien tche tchou-tsai* (天 之 主 宰) a même parfois un sens plus restreint. Elle signifie un certain endroit du ciel, à l'Est, où se manifeste sa vertu productrice et qui correspond au symbole *Tchen* (震, 東 方 也), un des huit points qui partagent le zodiaque: il y en a quatre pour le chaud, *Yang* (printemps, été). quatre pour le froid, *Yn* (automne, hiver). Quand le soleil arrive à ce point dominant (主), le printemps commence et, sous l'influence du principe *Yang*, qui triomphe enfin, tout commence à renaître dans la nature. C'est aussi ce que le philosophe *Chao Yong* exprime par ces mots *Ti tch'ou hou tchen* (帝 出 乎 震), que le commentateur moderne le plus autorisé explique en ce sens, qu'à un moment précis de la révolution annuelle du monde, le premier principe *Li* recommence la série périodique de ses productions et remet tout en mouvement (萬 物 出 乎 震), non par une volonté libre, mais d'après un ordre nécessaire, comme on l'a vu plus haut. *Tchou-tsai* (主 宰) ou *Ti* 帝, ne sont donc que l'énergie victorieuse de *Yang*, ou la force de la chaleur pendant les six mois du printemps et de l'été, du moment où elle commence à croître (入, 來, 伸), jusqu'au moment où elle recommence à diminuer (出, 往, 屈).

Si nous demandons maintenant à *Tchou-tse* quel est, d'après lui, le sens de *T'ien* (ciel) dans les Livres canoniques et classiques, il nous répondra ce qu'il dit un jour à l'un de ses disciples, qui lui posait la même question: «Dans certains passages, *T'ien* signifie seulement la voûte azurée; dans d'autres, l'énergie, la force par laquelle le ciel produit et dirige tout (主 宰); parfois il désigne le principe immatériel (*Li*) qui l'informe et l'anime; mais jamais un être personnel qui de là-haut jugerait et condamnerait les mauvaises actions des humains.» — «S'il en est ainsi, pourquoi donc dit-on que le Ciel et la Terre sont inexorables?» — «Cela veut dire simplement que tous les êtres sons condamnés à périr un jour». (III. 27, 29)

Et voilà comme les lettrés modernes répondent aux textes si nombreux du *Chou king* qui, pris en eux-mêmes, sembleraient démontrer d'une manière si évidente que les anciens chinois entendaient par les mots de *Ciel* et de *Chang Ti*, non pas une pure abstraction ou une force inhérente à la matière, mais bien un Etre suprême, vivant et pensant, agissant librement, souverainement sage, bon et tout-puissant (I. 16). Mais il est impossible de savoir au juste quelles idées les anciens attachaient à ces mots.

Ce qui est certain c'est que dès avant l'avènement de la troisième dynastie le *Chou-king* parle déjà du Ciel ou *Chang-Ti* et de la Terre comme de deux puissances unies pour la production de toutes choses. Quand le roi *Ou* (武 王) annonce à ses nobles assemblés son intention d'attaquer l'empereur *Tcheou-sin* (紂 辛 ou 受 *Cheou*), il leur parle du Ciel et de la Terre «père et mère de tous les êtres» et leur dit qu'il a eu soin d'offrir un sacrifice à *Chang-Ti* et à la Terre souveraine (后 土) pour le succès de la présente expédition. Dans une autre allocution à ses féaux sujets, il accuse le tyran d'avoir négligé d'offrir les sacrifices traditionnels au Ciel et à la Terre. D'où il suit que les idées matérialistes ne commencèrent pas seulement à s'introduire à l'avènement de la dynastie des *Tcheou* (周); elles existaient depuis longtemps déjà. Mais, à partir de cette époque, elles allèrent s'accentuant de plus en plus, entretenues par le *I King*, que *Wen-Wang* (文 王) et le duc de *Tcheou* (周 公) avaient composé pour expliquer à leur guise et au profit de leur politique les mystérieux symboles de *Fou-hi*. C'est dans le paragraphe sixième du canon de *Choen* (舜 典), que nous trouvons la première mention du culte religieux des anciens chinois. Voici le passage : «Alors il *(Choen)* offrit à *Chang Ti* le sacrifice *Lei* (類 於 上 帝), aux six Venérables le sacrifice *Yen* (禋 於 六 宗), aux montagnes et aux fleuves le sacrifice *Wang* (望 於 山 川); il étendit aussi son culte à l'universalité des Esprits (徧 於 群 神).»

De l'aveu de Legge lui-même, les commentateurs, bien avant l'époque des *Song*, donnaient ici comme l'équivalent de *Chang-Ti*, le Ciel, ou le Ciel et les *Cinq Ti* (天 及 五 帝), c'est-à-dire les cinq éléments. Et ce ciel dont ils parlent est le ciel matériel, comme il appert du contexte et de tout l'ensemble de la doctrine de *Ma Yong* (馬 融 P. C. 79-166), de *Wang Sou* (王 肅 P. C. 240), de *K'ong Ngan-kouo* (孔 安 國 2ᵉ s. A. C.) etc. (1).

«Je ne puis douter, dit Legge *(Shoo King,* p. 34 *note)* que

_____

(1) *Ma Yong,* ajoute Legge (loc. cit), pensait que *Chang Ti* est l'Etre suprême " *Ma*

Chang Ti ne soit ici le nom du vrai Dieu: mais la vérité sur son être et son culte était déjà pervertie dès cette époque reculée (2255 A. C.), ainsi qu'on le voit dans la suite du paragraphe». Que *Chang Ti* soit, dans ce passage, le nom du vrai Dieu, la chose ne nous semble pas si évidente. En tout cas, l'idée qu'y attachent les lettrés chinois de la plus haute antiquité jusqu'à nos jours ne s'accorde pas avec celle que nous avons de Dieu. Ceux d'entre les protestants qui veulent se servir du terme *Chang Ti* auront donc à faire admettre tout d'abord aux chinois une explication de ce mot différente de celle qu'en donnent tous leurs commentateurs autorisés. N'est-il pas à craindre qu'ils ne s'entendent dire : «Eh quoi! vous un étranger, vous prétendez donc comprendre nos Livres mieux que tous nos auteurs!»

S'il y a pourtant quelque probabilité que le *Ti* ou *Chang Ti* (上 帝) des premiers siècles du *Chou-king* désigne un être personnel, dans le *I King* cela ne semble plus du tout probable. Mr Legge traduit ainsi dans ce livre le 8e paragraphe de la 8e partie ou Aile (chez lui, c'est le 5e Appendice) : (帝 出 乎 震) 'God comes forth in *Kan (Tchen)* (to his producing work); He brings (His processes) into full and equal action into *Sun;* they are manifested to one another in *Li;* the greatest service is done for Him in *Khwan,* etc. etc.........' En vérité, qu'on l'appelle (comme il plaira) *God,* avec l'auteur, ou *Supremus Imperator,* avec le P. Régis, le nom de la divinité sonne bien mal dans ce passage : le sens attaché ici au texte ne repose sur aucune interprétation faite par des auteurs chinois; c'est un sens imposé par le préjugé. «I contend, dit Legge, that *God* is really the correct translation in English of *Ti*». Dans certains passages des premières Annales, passe; mais que dans cet endroit-ci ce soit l'interprétation exacte, nous attendons d'autres preuves que celles que le savant auteur croit être en droit de tirer du témoignage en apparence si évident de *Tchou Hi,* de *K'ong Yng-t'a* (孔 穎 達) et de *Wang Pi* (王 弼), chef d'une école de divination. Oui, quoi de plus clair, par exemple, que les paroles de *Tchou Hi* 天 之 主 宰? Comme elles répondent bien à nos idées chrétiennes! Mais recourez donc au contexte; jugez d'après l'ensemble de sa doctrine et vous verrez combien ses pensées au fond sont différentes des vôtres. Pour lui *Chang Ti* n'est que la vertu active du ciel matériel.

Mr Legge nous semble avoir péché ici contre la même règle d'interprétation, que lorsqu'il nous a donné la traduction des formules de prières extraites du Rituel impérial des *Ming* (明) (1). Il

---

Yong held that Shang Te was 'the supreme One' (太 一) — Non, pour *Ma Yong,* comme pour *Wang Sou,* 太 一 est simplement synonyme de 元 氣 (Cf. 理 運 p. IV, 4; cf. aussi 孔 子 家 語 sect. VII p. 11: 夫 禮 必 本 於 太 一; *Comment.* 太 一 者 元 氣 也). Or, 元 氣 signifie-t-il l'Etre suprême ' The supreme One ?

(1) Cf. Notions of the Chinese.

y a appliqué aux mots, surtout au terme *Ti* (帝), vers le triomphe duquel il dirigeait surtout son travail. des idées du plus pur spiritualisme, tout à fait opposées aux conceptions évidemment matérialistes des interprètes modernes. conceptions universellement acceptées au temps des *Ming*, et favorisées par les Empereurs de cette dynastie, comme elles le sont encore de nos jours.

Les mêmes préjugés se montrent *passim* dans sa traduction des Quatre Livres : il s'efforce d'y tout expliquer dans un sens spiritualiste. Et quand il arrive parfois que le texte chinois est si clairement matérialiste qu'il lui devient impossible de le faire cadrer avec le reste de sa traduction, l'auteur s'étonne de ce qu'il considère comme une inconséquence manifeste. Mais non, il n'y a malheureusement que trop de suite dans leurs idées du plus bas matérialisme. Qu'on applique le système de *Tchou Hi* au *Tchong-yong*, au *Ta-hio*, etc., et l'on verra que tout s'y tient.

A la page 284 du 1er Volume des *Chinese Classics* (Ed. 1861) on lit en note : «無疆 'without bounds' our *infinite*. Surely it is strange, passing strange, to apply that term to any *created* being». Mais les Chinois ont-ils l'idée de création? — Le texte, en parlant du Ciel et de la Terre, avait dit : 其爲物不貳, *ce sont des êtres sans mélange d'imperfection;* et Legge écrit en note : «It surprises us, however, to find heaven and earth called '*things*' at the same time that they are represented as by their entire sincerity producing all things». «Nous sommes surpris, toutefois, de rencontrer le Ciel et la Terre désignés comme des *choses,* en même temps qu'ils sont représentés comme produisant toutes choses par leur entière *sincérité*» (1).

Puis au paragraphe 9e : «J'ai déjà fait observer que, dans ce passage, on ne nous présente le ciel et la terre que comme des êtres matériels. Et non seulement cela; mais on nous montre encore des agents partiels, comme les montagnes, les mers et les fleuves. agissant avec la même inépuisable énergie que ces deux corps entiers, ou agents universels. Le 備旨 dit à ce propos : — 'Les collines et les eaux sont des productions du Ciel et de la Terre; le pouvoir qu'elles ont de produire elles-mêmes d'autres êtres montre encore mieux combien le Ciel et la Terre sont inépuisables dans leur énergie productive'. La confusion et l'erreur de contenues dans de semblables idées sont vraiment lamentables (2).»

---

(1) Nous dirons plus loin que le mot *sincerity* employé ici par l'auteur ne rend pas bien la valeur du mot 誠· qui signifie plutôt la *parfaite conformité d'un être avec sa nature.*

(2) I have already observed how it is only the material heavens and earth which are presented to us. And not only so; — we have mountains, seas and rivers, set forth as acting with the same unfathomableness as those entire bodies and powers. The 備旨 says on this : ... 'The hills and waters are what Heaven and Earth produce, and that they should yet be able themselves to produce *other* things, shows still more how Heaven and Earth, in the producing of things, are unfathomable'. The confusion and error in such representations are very lamentable.

Oui, sans doute; et ces erreurs sont d'autant plus à déplorer, qu'elles ne sont pas ici exprimées comme en passant et par inadvertance. mais sont la conséquence d'un système purement matérialiste, qui règne sur l'intelligence du peuple chinois depuis de longs siècles.

---

§ II *MYTHOLOGIE ET TRADITION*

La fameuse question du terme *(Term Question)* pour rendre en chinois l'idée de Dieu jeta longtemps la division dans l'armée protestante en Chine. La lutte s'est à peu près terminée par un compromis entre les adversaires. On a édité des Bibles en chinois où Dieu se dit *Chang Ti* (上 帝), d'autres où il s'appelle *Chen* (神) : ce fut la condition de l'armistice. Pour ce qui regarde le sujet que nous traitons, on ne lira pas sans intérêt les détails de la lutte très vive qui eut lieu au cours de la campagne entre le Dr. Jh. Chalmers et le chanoine Mc. Clatchie (voir China Review V. III p. 342-354, et Vol. IV. p. 84, 243). Le premier soutient que le *Chang-Ti* des Anciens Livres dénote un Dieu personnel; le chanoine tient pour *Chen* (神); et c'est dans le but de combattre l'opinion adverse et de faire rejeter à jamais les noms de *Chang-Ti* et de *T'ien* (上 帝, 天) comme indignes de signifier le vrai Dieu, qu'il publia en 1874 sa Cosmogonie Confucéenne. ou traduction avec notes du 49ᵉ chap. des Œuvres de *Tchou Hi*.

L'auteur suppose comme une chose certaine que les doctrines des philosophes modernes sont l'écho sincère des traditions de l'ancienne école de Confucius et de *Mong-tse*. Quoi qu'il en soit, il a calomnié les uns et les autres en identifiant. dans sa manie d'unité mythologique, le *Chang-Ti* et le *T'ien* des *King* avec le Priape de l'Occident et l'infâme Baal des Phéniciens. Sa conclusion étrange s'appuie sur un passage du *I King* (liv. III. c. VI) auquel il renvoie en affirmant qu'on y trouve clairement enseignées les horreurs d'un culte abominable «Phallic worship». (Confuc. cosmog. p. 152)

Sans doute, depuis plus de trente siècles, les Chinois admettent, pour expliquer la production de l'Univers, une double puissance de la matière éternelle qui, par le mélange de ses éléments parfaits et imparfaits, forts et faibles, donne naissance à tous les êtres et les distingue les uns des autres. C'est le *Yang* (陽) et le *Yn* (陰), le *K'ien* (乾) et le *K'oen* (坤) de leur philosophie, que nos yeux rencontrent partout en ce pays réprésentés au centre de la figure octogonale du mystérieux *Pa koua* (八 卦). Il est impossible de ne pas admettre que la Chine a depuis longtemps accepté avec l'ancienne Egypte, la Grèce et la Rome païenne, comme l'Inde des

monuments sanscrits et celle d'aujourd'hui encore, un système
cosmogonique que l'on peut appeler, si l'on veut, a *sexual system
of the universe*. Mais, de ce principe les Chinois ont-ils jamais
tiré les mêmes conclusions pratiques que les autres nations? Cette
doctrine a-t-elle eu aussi son contrecoup dans le culte religieux
de ce peuple? En trouve-t-on des traces dans le présent, ou du
moins dans les monuments historiques des anciens temps? C'est
là une question de fait et non une affaire de conclusion logique.

Or, le fait, dans le cas présent, le voici tel que l'exprimait parfaitement le Dr. Williams dans son *Middle Kingdom* (Vol II. p. 231) :
«Le trait le plus remarquable de l'idolâtrie chinoise est qu'on ne
trouve dans ses temples aucune trace de la sensualité déifiée, dans
le but de couvrir du masque de la religion et d'autoriser ces
débauches de licence et ces orgies qui énervèrent tant d'esprits
en souillant tant de cœurs dans nombre de contrées païennes. On
ne trouve ici ni Vénus, ni Lakshmi, ni prostitution comme au
temple de Mylitta, ni les rites obscènes de la Doorga-puja. La
doctrine spéculative des deux coprincipes *Yn* et *Yang* n'a jamais
dégénéré dans le culte dégradant du *Linga* et du *Yoni* de l'Inde».
Peut-être doit-on voir ici une manifestation de cette inconséquence
de l'esprit chinois si regrettable souvent dans ses effets. Dans le
cas présent, du moins, l'effet est heureux et nous ne saurions trop
bénir la Providence d'avoir ainsi préservé ce peuple de l'abîme
où tant d'autres se sont perdus.

Abandonné de ses amis eux-mêmes, et resté seul à soutenir
sa thèse mythologique, le Chanoine ne voulut pas s'avouer vaincu;
il s'entêta au contraire dans son idée fixe, et des deux côtés on
en vint à des expressions très peu charitables. Deux ans plus
tard, en 1876, paraissait la Traduction du *I King*, ouvrage du
même auteur fait dans le même but de controverse, en faveur de
Chen contre *Chang-Ti*, soutenue par les mêmes arguments, c'est-
à-dire les mêmes préjugés qui l'avaient conduit à appliquer coûte
que coûte à la littérature chinoise son système outré de mythologie comparée. Le traducteur ne s'est guère préoccupé des
questions de philologie et d'histoire, qu'un travail sérieux de traduction d'un livre aussi ancien, aussi complexe que le *I King*, ne
peut manquer d'offrir à chaque page.

Cependant l'introduction, les notes et les appendices, dont il
encadre sa traduction fréquemment défectueuse, ne sont qu'une
fastidieuse répétition de ses tirades favorites contre *Chang-Ti*, qu'il
ne cesse d'identifier avec la monade hermaphrodite ou le Chaos,
avec le Oannes de Babylone et le Baal des Phéniciens. En différents endroits (pp. 22, 116, 303, 346) il revient avec insistance,
mais sans apporter de preuves tirées des faits, à sa découverte
d'un culte immonde que la Chine aurait de tout temps rendu au
Ciel et à la Terre sous les symboles des organes sexuels de la
génération. En vérité, la critique faite par le China Review (Vol.

3-5) des deux ouvrages du chanoine Mc. Clatchie n'est nullement trop sévère au fond, bien que l'expression en soit peut-être un peu dure. (1)

Mais tout en rejetant comme dénuées de preuves ces assertions du chanoine protestant, pouvons-nous ne pas admettre que le *I King* enseigne une mythologie rudimentaire, qui, pour des raisons que nous ne recherchons pas en ce moment, est demeurée toujours à l'état d'embryon? On sait que le roi *Wen* (文王) manipula les huit trigrammes de *Fou-Hi* et leur donna à chacun une situation nouvelle correspondant à un point du zodiaque où son influence (*virtus*) est censée s'exercer. Quel fut au juste le but que se proposait *Wen Wang*, lorsque prisonnier (A. C. 1143 ou 1142) du tyran *Cheou* (受), dernier Empereur de la 2ᵈᵉ dynastie, il modifia l'arrangement jusqu'alors reçu des symboles? (cf. Mayer's Chinese reader's manual. p. 355) Etait-ce, comme l'ont pensé les philosophes modernes (livre 15 du *Sing-li ta ts'iuen*), pour marquer d'une manière frappante le désordre causé en ce temps dans l'empire par les passions brutales du tyran qui le gouvernait, et les malheurs que ne tarderait pas à produire un tel état de choses, si l'on n'y portait remède au plus tôt (2)? En tout cas, le remède fut radical; ce fut le renversement de la dynastie *Chang* (商) au profit de la famille princière des *Tcheou* (周, A. C. 1122-255).

Voici le passage du *I King* auquel nous faisions allusion. Il se trouve dans la 8ᵉ section ou Aile (翼) qui a pour titre «Dissertation sur les Trigrammes». L'auteur traite d'abord de leur dispositions diverses par rapport aux saisons de l'année et aux points de l'espace d'après *Fou-Hi* et *Wen Wang*. Puis il poursuit en ces termes : «*K'ien* (乾) est le Ciel, c'est pour cela qu'on le nomme père; *K'oen* (坤) est la Terre, et pour cela on la nomme mère. En *Tchen* se fait la première union (l'élément fort domine), le résultat est un mâle et pour cela on l'appelle le premier fils. En *Suen* pour la première fois l'élément faible l'emporte; il en résulte une femelle; c'est pourquoi on l'appelle la fille aînée. En

---

(1) Voici le jugement du Dr J. Legge dans la préface du *I King* (XVII), Oxford 1882: His own special object was 'to open the mysteries of the Yi by applying to it the key of comparative mythology'. Such a key was not necessary; and the author, by the application of it, has found sundry things to which I have occasionally referred to in my notes. They are not pleasant to look at or dwell upon; and happily it has never entered into the minds of chinese scholars to conceive of them. I have followed canon Mc Clatchie's translation from paragraph to paragraph and from sentence to sentence, but found nothing which I could employ with advantage in my own ". Ce n'est pas flatteur.

(2) " V. g. si symbolum ☲ *Li*, ignis, supponatur loco symboli ☵ *K'ên*, aquæ, utriusque elementi inordinatio principi (*Wen*) visa est non minus apta ad significandas ruinas et clades Reipublicæ malæ ordinatæ, quàm naturales ab hieme aut imminente, aut sæviente, rerum generatarum corruptiones. (cf. *I King* du P. Régis I., p. 23-24, 67-68).

K'an pour la seconde fois l'élément fort, en *Li* l'élément faible dominent, donnant naissance au second fils et à la seconde fille. En *Ken* et en *Toei* pour la 3° fois l'élément fort, puis le faible l'emportent tour à tour; de là proviennent le plus jeune fils et la plus jeune fille».

«Cette étrange manière de parler, dit Legge (Introd. du *I King* p. 49), fut l'origine de la fable d'un mariage entre *K'ien* et *K'oen* (le Ciel et la Terre); et rien d'étonnant si quelques hommes à l'imagination ardente et mal réglée y ont cru voir Noé, sa femme avec leurs trois enfants et leurs brus. N'avons-nous pas dans les deux cas une famille de huit personnes *(an ogdoad)?»* Quoi qu'en puisse dire le savant docteur, nous croyons qu'il n'est pas si déraisonnable d'attribuer à un souvenir assez obscur d'ailleurs de la tradition primitive un langage aussi singulier que celui du *I King* en cet endroit. Quelle autre explication rend suffisamment raison de ces appellations de père, de mère, puis de garçons et de filles (formant 3 couples)?

Rien d'étonnant, après tout, qu'un livre aussi ancien ait conservé quelques vestiges de la tradition primitive, reconnaissables à nous qui, grâce à Dieu, avons reçu la vérité entière. Les exagérations sont faciles dans cette voie, comme dans celle de la philologie et de bien d'autres: l'imagination s'y peut donner libre carrière, lorsque la raison lui lâche la bride; mais, d'un côté comme de l'autre, il faut éviter l'extrême.

Les premiers peuples descendants de Noé par ses trois fils ont sûrement dû garder durant plusieurs générations le souvenir de leur commune origine : puis la fable est venue donner à l'histoire un travestissement plus ou moins grossier suivant le génie des peuples. Peut-être un tel souvenir reste-t-il caché dans ce passage du *I King;* c'est tout ce que nous disons.

De même dans les théories des philosophes chinois sur l'éternité de la matière et la succession indéfinie des mondes, qui tour à tour sortent du chaos pour s'y replonger et en sortir de nouveau, n'est-il pas permis de reconnaître un souvenir obscurci et faussé de la première apparition de notre globe formé du chaos, puis de sa destruction partielle sous les eaux du Déluge et sa réapparition du sein des grandes eaux?

Le Chan. Th. Mc. Clatchie M. A, a longuement développé cette idée dans une suite d'articles publiés par le *Chinese Recorder,* (année 1876-77, p. 7 Paganism). Loin de nous d'admettre toutes ses conclusions qui sont évidemment exagérées; nous ne le citons que pour le point spécial que nous traitons ici.

§ III. *CIEL PÈRE ET TERRE MÈRE* 天地父母).

Au second siècle avant J. C., un auteur célèbre de la dynastie *Han* (漢), *Tong Tchong-chou* disait, à propos des rites observés par les Empereurs lorsqu'ils offrent des sacrifices sur le tertre circulaire : «Le maître souverain des hommes considère dans le ciel son père, dans la terre sa mère, son frère aîné dans le soleil et dans la lune sa grande sœur (人主父天母地兄日姊月). Le sacrifice au Ciel est réservé au chef de la nation; mais tous doivent respecter le Ciel et la Terre, parce que c'est à eux que toutes choses doivent leur existence, ainsi que dit le Mémorial des Rites (禮記), au chapitre *Li-t'ong* (禮統) : Le Ciel et la Terre, produits eux-mêmes de la matière première, deviennent à leur tour les ancêtres, les parents de tous les autres êtres (天地, 元氣之所生, 萬物之祖也)».

Tchang-tse commence ainsi son *Si-ming* (西銘) : «Le Ciel est notre père, comme la Terre est notre mère commune; de l'un j'ai reçu le souffle (氣) qui m'anime. de l'autre ma forme extérieure, et par l'union de ces deux éléments j'apparus un jour au sein du chaos [乾稱父, 坤稱母, 子茲藐焉, 乃混然中處]». Et *Tchou-tse* commentant ce passage ajoute : «On ne saurait refuser au Ciel et à la Terre les noms de père et de mère (今道天地不是父母......... 不得) et il n'est pas moins certain que la distinction des sexes provient de la participation à la nature de l'un plus que de l'autre de ces deux agents (乾道成男, 坤道成女; 則凡天下之男, 皆乾之氣; 凡天下之女, 皆坤之氣)».

La propension naturelle du Ciel et de la Terre, disait déjà le *I King*, est d'engendrer et de nourrir les êtres (易曰. 天地之大德曰. 生). Ne serait-ce pas cette idée qui aurait donné lieu à une cérémonie très ancienne, en usage encore de nos jours dans les mariages païens. d'après laquelle les nouveaux mariés se prosternent ensemble et adorent le Ciel et la Terre, sans doute pour en obtenir une heureuse fécondité? En tout cas, la superstition populaire a consacré cet enseignement des philosophes chinois en célébrant, le 16e jour de la 5e lune, la fête de l'union du Ciel et de la Terre source de toutes choses, sous le titre de (天地造化) *T'ien- li tsao-hoa.*

GÉNÉRATION SPONTANÉE (氣化).

Le premier couple de chaque espèce animale est immédiatement engendré, dit *Tchou Hi* (III. 35), par la transformation de la matière première ou l'union des éléments parfaits et imparfaits

(*Yn* et *Yang*) du Ciel et de la Terre. Le mâle participe davantage du Ciel, la femelle de la Terre. Cette production directe et
spontanée s'appelle *K'i hoa* (氣 化) : telle est la manière dont
naît la vermine, laquelle, dit le commentateur, naît spontanément
et vient au jour sous l'action de la chaleur. Dans la suite, les
êtres de même espèce se reproduisent par semence; cette génération s'appelle *Hing hoa* (形 化) (1)».

Quel fut le premier ancêtre de notre race? Les écrivains
soi-disant philosophes de la dynastie *Song* l'appellent P'an-kou
(盤 古) et admettent sans critique les fables absurdes que d'anciens
compilateurs de légendes attribuaient à ce personnage de leur
invention. *Hou Jen-tchong* (胡 仁 仲, 1º moitié du 12º S.) dit que
P'an kou naquit dans le *Grand Vide,* on ignore à quelle époque.
Il pénétra parfaitement les lois du Ciel et de la Terre ainsi que
les évolutions des deux Principes de la Nature «et par là devint
le chef des Trois Agents (三 才, i. e. le Ciel, la Terre et l'Homme)».
Ainsi commença le développement de l'évolution du chaos». Un
autre nous apprend que «le Ciel fut son père, la Terre sa mère,
et pour cette raison il fut appelé 天 子 Fils du Ciel». — Quant à
la compagne du premier homme, la légende ne nous en dit pas un
mot : elle n'était après tout, comme le sont toutes ses filles, qu'un
être essentiellement inférieur.

§ IV. *ÉGALITÉ* 萬 物 一 體 (2).

Nous avons déjà vu précédemment que tous les êtres sans
exception ont une commune origine, étant constitués par les mêmes principes. *Tchou Hi* commente ainsi le paragraphe 23ᵉ, nº 3
du *T'ong chou* (通 書) :

«Si par la pensée nous parcourons de bas en haut l'échelle
des êtres, nous voyons que les cinq éléments qui les composent,
ne sont eux-mêmes que la matière première avec ses deux qualités (i. e. éléments parfaits et imparfaits, *Yang* et *Yn*), et cette matière, à son tour, dépend du *Li* unique, son principe d'action. Si
maintenant du sommet nous revenons en bas, nous voyons le
principe *Li* devenant la forme substantielle des myriades d'êtres
en général, et de chacun en particulier. Par lui l'action du Ciel

(1) 陳 氏 埴 曰·氣 化 謂 未 有 種 類 之 初·以 陰 陽 之 氣 生,
合 而 生·形 化 謂 旣 有 種 類 之 後·以 牝 牡 之 形 合 而 生,
皆 兼 人 氣 言 之 所 化 乎 (T'ong chou, Comment.). 其 所 生 也·無 所 從
受, 則 物 之 所 化 乎·曰·然 (Sing li ta ts'iuen, ch. 26.).
(2) 眞 氏 德 秀 曰·萬 物 各 具 一 理, 萬 理 同 出 一 原; 所
謂 萬 理 一 原 者, 太 極 也· (T'ong chou p. 10, r. 1. 16).

opère les transformations sans fin, et tout être individuel reçoit sa
nature et son destin. Ce principe d'ordre et d'activité, qui pénètre ainsi toutes les parties de la masse universelle, peut se
comparer au grain de millet qui d'abord produit une tige : de la
tige sort une fleur; après la fleur vient un fruit, lequel est du
grain. Ainsi après une série de transformations le grain semé est re-
venu à sa forme originelle. Un seul épi contient une centaine de
grains, et chaque grain a en lui toute la perfection de son espèce.»

De même, tout être à sa naissance reçoit par l'intermédiaire
du Ciel, constitué agent universel, la perfection intégrale du premier principe immatériel *(Li)* 天 命 者. 天 賦 之 正 理 也 (*Len-yu*
ch. 8, comment.). Considéré du côté du Ciel qui l'infuse, ce
principe individualisé s'appellera *ming, T'ien-ming* (天 命), Destin
ou mandat céleste. *Tchou Hi* le définit en ces termes : *T'ien-ming*
est l'émanation du principe céleste se communiquant à chaque être
en particulier et constituant la raison d'être de toutes les choses
morales et physiques (1).

Dans l'homme, ce commandement du Ciel est la lumière et la
voix de la raison, qu'il lui faut suivre sans écart. Ne pas s'y
conformer c'est offenser le Ciel (逆 理 則 獲 罪 於 天 矣. Cf. *Len-
yu*, ch. 2, comment.). Demander pardon au Ciel ne signifie
pas autre chose pour le confucianiste moderne que se soumettre
de nouveau par un retour sincère aux lois de la droite raison.
Cette conversion s'opère en travaillant à purifier la faculté intellectuelle de la rouille des passions : c'est le but que s'est propo-
sé l'auteur de la Grande Etude ou Etude des Grands (大 學), qui
commence son enseignement par ces mots : «L'objet de la Grande
science est de rendre sa splendeur à la faculté intelligente
(大 學 之 道 在 明 明 德).» Sur quoi le commentateur officiel fait
cette glose : «*Ming-té* signifie la substance que tout homme a
reçue du Ciel et qui forme sa nature. Dans son état de pureté,
d'activité et de splendeur native, elle peut embrasser la raison
universelle et réfléchir toutes choses. Seulement lorsque la matière l'étreint et que les passions la recouvrent comme d'un voile,
elle s'obscurcit et se trouble pour un temps, sans toutefois que sa
clarté naturelle disparaisse jamais complètement.»

T'ien-tao (天 道) est la Loi ou la Règle générale du Ciel
dans ses opérations, d'après laquelle, en tant que cause très
universelle, il se communique aux êtres inférieurs, leur donnant une
propension naturelle, qui les fait agir nécessairement dans un
ordre merveilleux. La nature de chaque individu (性 *sing*) et la
Loi du Ciel, d'où il reçoit cette nature, ne sont au fond qu'un

---

(1) 天 命, 即 天 道 之 流 行, 而 賦 於 物 者, 乃 事 物 所 以 當
然 之 故 也 : commentaire de 子 曰 .... 五 十 而 知 天 命. v.
Zottoli II Vol. p. 217, n° 4.

seul et même principe (性, 天道..............其實一理也 *Len yu* ch. 3, n° 12, comm.).

FRATERNITÉ.

«Le Ciel et la Terre sont notre père et notre mère, dit *Tchang-tse* (1); les hommes sont tous mes frères (民吾同胞) et les autres êtres inférieurs sont mes compagnons (物吾與也).» Mais si hommes et choses ont pour substance la substance du ciel et de la terre et pour nature la nature du ciel et de la terre; d'où viennent donc entre eux ces degrés divers de perfection accidentelle? *Tchou Hi* nous l'a déjà dit; la distinction des êtres et leur inégalité proviennent uniquement de l'élément matériel (不同者氣也) (2).

Les qualités de la matière peuvent se réduire à quatre principales indiquées par les mots *Tcheng* (正. droit, parfait); *P'ien* (偏 incliné, défectueux): *T'ong* (通 ou 開 *k'ai*, perméable, ouvert); *Ché* (塞, obstrué. obscur). *T'ong* et *Tcheng* sont des qualités de la matière plus subtile et ceux qui les possèdent sont au rang des humains (惟人也得其形氣之正,是以其心最靈). *P'ien* et *Ché* sont des qualités défectueuses et sont proportionnellement propres aux bêtes. aux plantes et aux minéraux (3). *Tcheng* et *T'ong* se subdivisent encore pour mettre entre les hommes des différences multiples. depuis le plus haut sommet où règne le Saint, l'homme idéal. l'égal du Ciel et de la Terre, jusqu'au degré le plus infime où l'homme se distingue à peine de la brute, suivant le mot de *Mong-tse* (ch. 4) 人之所以異於禽獸者,幾希 (cf. comment. *ibid.*).

Le favori du destin, qui naît en temps et lieu favorables et sous l'influence propice d'une bonne étoile, obtiendra infailliblement le *Tcheng k'i* (正氣) dans sa pureté parfaite, et dès lors il ne saurait manquer d'être un Saint, un savant, un héros, l'homme de la droite raison (聖人). Tels furent *Yao* et *Choen, Wen Wang, Tcheou kong, Confucius.* — Ceux qui ont reçu du ciel et de la terre ce qu'il y a de moins pur dans le *Tcheng* et le *T'ong* (正, 通氣) sont fatalement grossiers, sauvages, d'une conduite déréglée, rebelles à l'instruction : ce sont à peine des hommes, ils n'en ont que la forme extérieure (如人). Entre ces deux extrêmes, il y a cependant place pour le commun des hommes, les sages d'une ver-

---

(1) 人物生於天地之間,其所資以爲體者,皆天地之塞; 其所得以爲性者,皆天地之帥也 (*Si-ming* 西銘, Commentaire).

(2) 蘇氏曰,天之生物氣質不齊 (*Len-yu*, ch. VIII, § 16).

(3) 氣之所鍾有偏正,故有人物之殊 (*Sing-li ta ts'iuen*, ch. 26).

tu et d'une prudence ordinaire, tous ceux, en un mot. qui sont susceptibles de perfectionnement par le moyen de l'éducation (1).

La partie de la matière d'une qualité infime, *P'ien* ou *Ché k'i* (偏氣, 塞氣) contient aussi des degrés divers d'imperfection : la moins viciée constitue les animaux plus ou moins grossiers, suivant son degré d'impureté : la plus basse est le partage des plantes et des minéraux (2). On le voit, de cette doctrine à la recherche des influences occultes des astres et des éléments, c'est-à-dire aux absurdités de l'astrologie et de la géomancie *(Fong-choei)*, il n'y a qu'un pas facile à franchir. Depuis longtemps, hélas! le pas est fait.

De cette doctrine découlent aussi des théories qui font si fréquemment l'objet des amplifications littéraires : la fraternité universelle, le respect de tous les êtres qu'il faut traiter suivant leur nature, la subordination des divers degrés de la hiérarchie sociale, les droits sans limites des parents sur leurs enfants (3), etc.

Tous les hommes sous le ciel sont frères. ils ne forment qu'une immense famille, et au centre de cette famille se tient la Chine

---

(1) 問·太古之時,人物同生乎·曰·然·純氣爲人,繁氣爲物乎·曰·然·(Ibid.). 只是一個陰陽五行之氣滾在天地中;精英者爲人,渣滓者爲物;精英之中又精英者爲聖爲賢,精英之中渣滓者爲愚爲不肖(語類).

(2) Les Bouddhistes admettent aussi comme un principe de leur système religieux, pour une autre raison cependant, que l'homme ne diffère pas de l'animal dans sa nature, mais seulement en perfection relative. Les âmes des animaux, disent ils, sont encore imparfaites, à cause du petit nombre de leurs mérites, qui ne suffit pas à contrebalancer la masse de leurs démérites accumulés dans leur vie précédente (Mgr B;gandet, Légende de Gaudama, p. 67).

(3) Voici en quels termes la doctrine du pouvoir absolu des parents est exposée au bon peuple dans un commentaire des Instructions du Saint Edit (聖諭廣訓): "Les enfants sans piété filiale ont encore une manière de parler tout à fait déraisonnable. Ils disent : "Je voudrais bien pratiquer la piété filiale, mais que puis-je y faire si mes parents ne m'aiment pas?" En vérité ne sait-on pas qu'avec les parents il ne faut pas parler de droits ou de torts (與爹娘論不得是非). Les parents sont comme le ciel. Le ciel produit-il un brin d'herbe, s'il se développe au printemps, cela vient du ciel ; si la gelée de l'automne le fait périr, cela provient également du ciel. Le corps que les parents ont engendré, il dépend d'eux qu'il vive, comme il dépend d'eux qu'il meure (爹娘生下的身子,生也由爹娘,死也由爹娘). Qu'a-t on à parler de droits et de torts (說甚麼長短)?" Faut-il s'étonner que, en conséquence d'une pareille doctrine, l'infanticide si commun en ce pays y reste généralement impuni? D'ailleurs, la peine théoriquement stipulée par la loi montre assez le droit reconnu aux parents sur la vie de leur progéniture : soixante coups de bâton et un an d'exil à 500 stades. Cette peine, dont on peut d'ailleurs se racheter à prix d'argent, est beaucoup plus légère que celle qui frappe un vendeur de dominos ou de cartes à jouer.

unie comme un seul homme (1). «Notre prince est le fils aîné de
nos communs parents; les grands ministres sont les familiers,
les aides du frère aîné. En respectant la vieillesse, nous remplis-
sons nos devoirs envers des aînés; en aimant les petits et les faibles, nous traitons comme il faut nos frères puînés (2).» — *Tchou
Hi* commence en ces termes le développement de cette pensée :
«Tous les hommes de l'univers sont les enfants du Ciel et de la
Terre; mais le monarque seul a reçu du Ciel et de la Terre le
pouvoir de régir en maître absolu et les hommes et les choses :
aussi l'appelle-t-on *Tsong tse* «Grand Fils» (宗 子) (3).» «Les
saints. poursuit *Tchang-tse*, sont ceux de nos frères dont la bienfaisante influence est unie à celle de nos communs père et mère.
Les sages sont ceux dont les talents et la vertu dépassent le ni-
veau ordinaire de leurs frères. Enfin les misérables, malades
et perclus, les orphelins et les veuves, tous les déshérités de la
fortune sont des frères malheureux (4).» La conclusion est aussi
juste qu'elle pouvait l'être : mais qu'il est triste de voir à quoi
aboutissent en pratique pour le bonheur et la paix de la famille
humaine toutes ces théories humanitaires de nos lettrés païens!
Leur altruisme philanthropique ne va pas loin; l'intérêt égoiste
qui l'accompagne l'étouffe en chemin.

---

(1) 同 胞 也，故 以 天 下 爲 一 家，中 國 爲 一 人. (*Tchou Hi*,
Comment. du *Si ming* 西 銘).

(2) 大 君 者 吾 父 母 宗 子；其 大 臣 宗 子 之 家 相 也；尊 高
年 所 以 長 其 長，慈 孤 弱 所 以 幼 其 幼.

(3) 凡 天 下 之 人 皆 天 地 之 子 矣·然 繼 承 天 地 統 理 人
物，則 大 君 而 已；故 爲 父 母 宗 子. Telle est la base philosophique de l'o-
rigine du pouvoir et de son étendue. comme aussi la raison du titre donné à l'Empereur,
天 子 *T'ien tse*, fils du Ciel. Le monde entier est à lui et quiconque ne se soumet pas à
son autorité est un rebelle.

(4) 聖 其 合 德，賢 其 秀 也；凡 天 下 疲 癃 殘 疾 惸 獨 鰥 寡，皆
吾 兄 弟 之 顚 連 而 無 告 者 也.

CHAPITRE III.

L'HOMME.

§ I. *SING* (性).

Confucius, on le sait, ne livrait pas indifféremment à tous ses disciples ses idées sur la nature. C'est ce que nous apprend *Tse-kong* (子 貢) qui, plus favorisé que les autres, avait reçu sur ce point les confidences de son maitre (V. *Len-yu* ch. II I. § 12ᵉ); mais il n'a pas jugé à propos de les communiquer à la postérité. *Tse-se* (子 思) petit-fils de Confucius, si toutefois il est l'auteur du *Tchong-yong* (中 庸), semble avoir été le premier à affirmer «que tous les hommes naissent avec une nature parfaitement bonne, que la vertu consiste à y conformer sa conduite, et que la vertu elle-même se perfectionne par l'instruction.» Le commentateur fait sur le texte la glose suivante : «La nature est le principe immatériel *Li* (communiqué à un être quelconque et individualisé en lui). Le ciel forme toutes choses de la matière première avec ses qualités parfaites et imparfaites *(Yn Yang)* et les cinq éléments (二 五 之 氣). *K'i* devient leur partie sensible, corporelle; *Li* leur est communiqué comme un *ordre* 命, une impulsion, un principe dirigeant intérieur. Ce principe, par l'infusion duquel tout homme et tout être sont produits et qui est en chacun la puissance des cinq vertus morales, dans l'état de supériorité ou de soumission (suivant le sexe), nous l'appelons *Sing* (性), la nature (1).»

Dans la suite, cette proposition trouva d'ardents contradicteurs. Les uns soutinrent que la nature de l'homme n'est de soi ni bonne ni mauvaise; elle n'a pas plus de tendance vers le mal que vers le bien : l'éducation de chacun et les circonstances décideront de sa conduite future. Telle fut l'opinion de *Kao-tse* (告 子), comme elle est rapportée dans le 6ᵉ livre des œuvres de *Mong-tse*. Ce dernier la combattit énergiquement, soutenant que l'homme est né avec

---

(1) 性 卽 理 : 天 以 化 生 萬 物, 氣 以 成 形 而 理 亦 賦 焉, 猶 命 令 也; 於 是 人 物 之 生, 因 各 得 其 所 賦 之 理. 以 爲 健 順 五 常 之 德, 所 謂 性 也 (*Tchong-yong, comment.*).

une tendance naturelle vers le bien, le mal étant pour lui un acte contre nature (1). «De même, dit-il, que l'eau coule naturellement en bas et qu'il faut lui faire violence pour la faire remonter vers sa source, ainsi le cœur de l'homme tend au bien et fuit ce qui est mal (性木善). La nature doit être originairement bonne; car, puisqu'elle est le principe céleste que le ciel nous communique, il n'est pas de nature qui soit intrinsèquement mauvaise (2).»

D'où vient alors que la plupart des hommes sont mauvais? Quelle est la raison de leur dépravation? La négligence personnelle jointe à l'influence des circonstances extérieures. Les saints et les sages ne diffèrent du commun des hommes que parce qu'ils connaissent, apprécient et font valoir le trésor qu'ils possèdent. «Celui, dit *Mong-tse,* qui perfectionne son esprit par l'étude arrive à connaître sa nature; connaissant sa nature, il connaît le ciel.» Et là-dessus *Tchou Hi* fait cette glose : «L'esprit *(mens)* est la partie active, lumineuse, intelligente dans l'homme, ce par quoi il est capable d'embrasser la raison des choses, et de correspondre à tout. La nature est ce principe formel qui réside dans l'intime de mon esprit et dont le ciel est le point d'origine. Tout homme possède cet esprit (心) dans son intégrité: mais s'il ne scrute à fond la raison des choses, il finira par s'obscurcir et dès lors il ne pourra plus lui donner toute la mesure de perfection dont il est susceptible. Au contraire, quiconque peut mettre en exercice la capacité entière de son esprit, sans en rien laisser dans l'inaction, celui-là saura pénétrer la raison de tout, sans que rien échappe à sa connaissance. La raison des choses une fois connue, la source même de cette raison, de ce principe commun des êtres, ne restera pas étrangère à mon esprit (3).»

Siun-tse (荀子, 3ᵉ siècle av. J. C.) vint ensuite et proposa une thèse diamétralement opposée à celle de *Mong-tse.* Un des 20 chapitres de ses Œuvres est consacré à soutenir que la nature de de l'homme est radicalement et totalement vicieuse, et que ce qu'il a de bien n'est qu'artificiel et surajouté à sa nature.

Vers le commencement de l'ère chrétienne parut *Yang-tse* (4) (楊子:楊雄. 子雲 53 av. J. C. — 18 P. C.), qu'il ne faut pas

---

(1) 人性之善也;猶水之就下也;人無有不善,水無有不 下 (*Mong-tse*, 6ᵉ l.).

(2) 性卽天理,未有不善者也 (ibid, comment.).

(3) 孟子曰:盡其性者,知其性也;知其性,則知天矣 (V. Zott. II. vol., p. 599, n° 1) Comment. 心者人之神明所以具衆理而應萬事 者也;性則心之所具之理,而天又理之所從以出者也;人 有是心,莫非全體,然不窮理,則有所蔽而無以盡乎此心 之量;故能極其心之全體,而無不盡者,必其能窮夫理而 無不知者也;既知其理則其所從出亦不外是矣.

(4) *Yang Hiong* est l'auteur d'un petit traité philosophique intitulé 法言, qui a eu

confondre avec son homonyme *Yang Tchou* (楊朱. 子居, 4e ou 5e
siècle av. J-C), l'épicurien chinois, dont les doctrines hétérodoxes
ont été vigoureusement attaquées par *Mong-tse*, qui caractérise
son système par ces mots 楊氏爲我. *Yang-tse* se pose entre *Mong-
tse* et *Siun-tse* et fonde son système sur un compromis entre les
principes opposés des deux champions. D'après lui, tous deux
auraient raison, s'ils n'étaient trop exclusifs. Il prétend donc les
accorder en disant que la nature humaine est originellement un mélange de bien et de mal. Tout homme a en lui quelque chose de
bon et quelque chose de mauvais. La différence morale entre les
hommes vient donc uniquement de ce que les uns cultivent et développent avec soin la partie bonne de leur nature, tandis que les
autres se laissent entrainer sur la pente du vice.

Longtemps plus tard. vers la fin du 8e siècle et le commencement
du 9e, *Han Wen kong* (韓愈. 退之, 昌黎, 768-824) inventa une
théorie nouvelle qui mettait d'accord. croyait-il. les vues opposées de
Mong-tse et de *Siun-tse* sur la nature de l'homme. Il avance donc que
les hommes se partagent en trois classes : la première comprend
ceux qui sont bons sans mélange de mal; la 3e ceux qui sont mauvais
sans aucun mélange de bien; la 2e ceux en qui le mal et le bien
sont mêlés. Les premiers possèdent naturellement toutes les vertus
dans leur perfection; ceux de la 3e catégorie sont dépourvus de
vertus et n'ont d'inclination que vers le vice: ceux de la 2le ont
toutes les vertus, mais dans un degré plus ou moins parfait. Ces
derniers seuls peuvent par leur application monter au premier
rang, ou, par leur négligence, tomber au dernier; tandis que la
position des classes supérieure et inférieure est fixée par un décret immuable du ciel : ils sont fatalement et à jamais bons ou
méchants. L'opinion de *Han Yu* est d'ordinaire exprimée en la
forme suivante :

上品之人不敎而善 : c'est la classe des saints, des hommes parfaits (聖人).

中品之人敎而後善 : c'est l'homme supérieur, avec ses
quelques défauts qu'il s'efforce de corriger (君子).

下品之人敎而不善 : c'est l'homme vicieux, incorrigi-
ble (小人, 下愚).

Telle est la théorie de la nature humaine qui prévalut du
9e au 12e siècle, lorsqu'elle fut supplantée par des conceptions
nouvelles.

---

plusieurs éditions; l'une d'elles est précédée d'une préface de *Se-ma Koang*. En 1395, la
tablette de *Yang Hiong* fut retirée du Temple de Confucius sur les réclamations de
quelques lettrés de la stricte orthodoxie, qui le jugeaient indigne de cet honneur, parce
que, d'un côté, il n'avait pas enseigné la vérité integrale et que, de l'autre, il n'avait composé aucun commentaire sur les Livres canoniques ou classiques.

Les docteurs de l'école moderne enseignent, nous l'avons vu, que la nature est une seule et même chose avec le principe immatériel *(Li)*, qui s'unit au principe matériel *(K'i)* pour produire tous les êtres sans exception. *Li* est parfaitement bon; la nature est donc en soi essentiellement bonne, car elle n'est autre chose que *Li* en tant que communiqué à chaque être par le ciel (天 命 之 謂 性)·

Mais si le principe immatériel est bon, d'où vient le mal moral? Il provient, dit *Tchou Hi*, de l'imperfection du principe matériel : de la qualité de ce dernier dépend le degré plus ou moins grand de sagesse et de bonté d'un être quelconque : les hommes sont supérieurs aux autres animaux et aux autres êtres, parce qu'ils ont reçu en partage une portion plus pure du principe *K'i* (1). La diversité que nous remarquons entre les hommes vient de ce que à quelques-uns échoit en partage une matière plus épaisse, à d'autres une matière plus pure et plus dense. Ces derniers naitront intelligents et enclins à la vertu, tandis que les autres seront vicieux et d'une intelligence bornée. Il arrive parfois que la portion de matière reçue est pure et brillante, mais manque de densité; dans ce cas, le possesseur sera intelligent sans être vertueux : si, au contraire, la matière était dense, mais non transparente, on aurait la vertu sans l'intelligence.

Ainsi, d'après ces philosophes, le principe actif *(Li)*, communiqué par le ciel à tous les êtres et constituant leur nature, tend sans cesse à se manifester au-dehors tel qu'il est, souverainement bon et intelligent. La matière seule offre à son action une résistance passive plus ou moins grande, absolue ou partielle (2). Cette nature, de soi toute parfaite, sera dans le sage semblable à une pierre précieuse dans une eau limpide; dans l'homme vulgaire, comme la même pierre précieuse dans une eau bourbeuse. Le principe immatériel devenu la nature individuelle d'un homme quelconque peut se comparer au soleil et à la lune : là matière est le nuage qui intercepte leur clarté; ou bien encore à un globe de feu, la matière alors est la cendre qui le couvre; dès que la cendre livre un passage, aussitôt le feu brille. La source de toute ignorance, de tout mal moral en l'homme est donc la

---

(1) 只 一 箇 陰 陽 五 行 之 氣 滾 在 天 地 中；精 英 者 為 人， 渣 滓 者 為 物；精 英 之 中 又 精 英 者，為 聖 為 賢·

(2) Que l'on rapproche cette doctrine de celle du poète latin, au Livre VI de l'Enéide ·

Principio cœlum ac terras   ... ..

Mens agitat molem et magno se corpore miscet.

Inde hominum pecudumque *genus, vitæque* volantum,

Et quæ marmoreo fert monstra sub æquore *pontus.*

Igneus est ollis vigor et cœlestis origo

Seminibus, *quantum non noxia corpora tardant*

Terrenique hebetant artus moribundaque membra.

matière, en tant qu'elle empêche ou gêne la manifestation du principe immatériel.

, A cette question : la nature de l'homme est-elle bonne? Les modernes ne diront pas simplement oui, comme *Mong-tse* (性 本 善); ils ne nieront pas non plus, comme *Siun-tse*; mais ils distingueront entre la nature considérée en soi hors du composé, et la nature unie au principe matériel. La première, au moment qu'elle émane du ciel, est très bonne et sans aucun mélange d'imperfection. Dans ce sens ils acceptent l'axiome de *Mong-tse* (*Sing pen chan* 性 本 善) comme très orthodoxe. Mais la nature individualisée, concrétée dans la matière et qu'ils appellent *K'i-tche tche sing* (氣 質 之 性), on peut et l'on doit la dire imparfaite, car elle est un mélange de bien et de mal. Dans l'homme saint cependant, nous trouvons une exception à la loi générale : en lui, la raison céleste *(Li)* dirige toutes les actions; la matière n'offre aucun obstacle à l'intelligence du vrai, ni à la pratique du bien. Quant aux autres hommes, l'instruction devra tendre à réformer ce que la nature a de défectueux, à chercher la pierre précieuse cachée dans la boue, à la nettoyer pour la rendre pure et brillante. Il faut pour réussir en cela une volonté forte, énergique, une persévérance à toute épreuve; à ce prix, la victoire restera au principe immatériel.

Tchou Hi attribue à *Tchang-tse* et aux deux frères *Tch'eng* l'honneur d'avoir les premiers découvert et exposé la doctrine du *K'i-tche tche sing,* ou nature composée. Ils ont par là, dit-il, bien mérité des anciens sages, dont ils ont fait comprendre la vraie pensée, et tous les lettrés à venir leur en devront une éternelle reconnaissance. Dans son commentaire de l'ouvrage de *Tcheou-tse* (周 子) intitulé *T'ong chou* (通 書), *Tchou Hi* rapporte l'explication donnée par *Tch'en Choen* (陳 氏 淳) de l'axiome de *Mong-tse* (*sing pen chan*). Sur cette question, comme dans les autres, on voit avec quel soin les docteurs de la nouvelle école évitent de se poser comme les inventeurs d'un système nouveau : ils ne veulent que renouer le fil des vraies traditions de l'antiquité, en revendiquant le sens des anciens livres corrompu depuis la mort de *Mong-tse,* le dernier sage.

Tch'en Choen disait : «D'où *Mong-tse* a-t-il tiré son axiome : *sing chan* (la nature est *bonne,* ou la *bonté* même)? De ce mot du maître dans sa glose sur le *I king* : «Un *Yn* et un *Yang* s'appellent *Tao* (le principe universel). Ce *Tao* en évolution, ou considéré en soi à l'instant de l'émanation, est le bien sans mélange; formant un être, il en devient la nature. Les mots *I yn i yang tche wei tao* (一 陰 一 陽 之 謂 道) signifient seulement ce qui constitue un *T'ai-ki* (太 極); *Ki tche tché wei chan* (繼 之 者 爲 善) veut dire que, au moment de l'émanation transformatrice, ce qui engendre, nourrit un être et lui est communiqué, ne contient en soi rien qui ne soit absolument bon : il s'agit ici du temps ou *T'ai-ki* est en

mouvement et progresse (動 而 陽 時). Chan (善、Bonté) indique le
principe immatériel Li (理) ou Tao (道), au début de l'émanation.
Tch'eng tche tché wei sing (成 之 者 爲 性) signifie que chacun
des êtres reçoit ce principe (Tao li 道 理) très bon, qui devient
ainsi sa nature individuelle : alors commence la période de repos
et d'inaction du T'ai hi (靜 而 陰 時). Dans cette phrase de la
Glose, Sing (性) et Chan (善) sont équivalents; car Chan n'est que
Li en tant que déterminé à former un être particulier. Ce que
le maître nomme ici Chan (Bonté) est donc la source même, le
point de départ de l'acte transformateur, alors que l'homme, ou un
être quelconque, n'est pas encore engendré. Chan est pris comme
substantif, comme un être réel (實 物). Mong-tse, en disant Sing
chan (la nature est bonne), parlait de la nature concrète, individualisée dans tout être lors de sa formation (成 之 者 性). Dans
cet axiome, Chan est donc pris adjectivement, et veut dire que la
nature, avant le réveil des passions par le choc des choses extérieures, est pure et parfaitement bonne. En effet la Bonté, émanant
directement de la source formatrice. n'est pas encore détériorée
au moment où elle produit un être et s'appelle sa nature. Ainsi
donc Mong-tse et le maître ont puisé à la même source le sens
qu'ils donnent au mot Chan.» (V. le texte chinois dans l'Appendice III).

Confucius disait (Len-yu ch. 9ᵉ) : «La nature rapproche les
hommes entre eux; mais les habitudes diverses tendent à les éloigner.» Sur ce texte, le commentateur dit que la nature dont il
est ici question est la nature dans le composé (性 兼 氣 質 而 言
者 也). Cette nature concrète, individuelle (氣 質 之 性) est dans
les hommes inégalement bonne ou mauvaise. Durant les premières
années, la différence est encore peu sensible; mais par l'application
au bien elle se fait bonne, par les actes mauvais elle se pervertit.
Ainsi s'établit la distinction morale entre les hommes. Et
Tch'eng-tse ajoute : «Il s'agit ici de la nature considérée dans le
composé (氣 質 之 性) et non en soi dans sa source. Car, dans
ce dernier cas, elle n'est autre chose que le principe universel Li,
qui ne saurait rien avoir que de bon : c'est ce que Mong-tse a
exprimé en disant que la nature est bonne.»

La doctrine des deux plus grands sages de la Chine sur la
nature est renfermée toute entière dans ce quatrain, que les jeunes
écoliers répètent à tue-tête dès les premiers jours de leurs études :
人 之 初, 性 本 善: 性 相 近, 習 相 遠. Tel est le début du San tse
king 三 字 經, ou Livre classique (par membres) de trois caractères.

§ II. *PERFECTIBILITÉ DE L'HOMME.*

«Le principe actif *Li* qui devient la nature de chaque être est le même en tous les hommes, depuis les sages *Yao* et *Choen* jusqu'au plus humble roturier. Cependant les actes de nos facultés subissent l'influence de la matière, qui est pure ou impure. Quiconque est formé d'une matière plus pure est un sage; celui qui a reçu en partage une matière trouble et impure est d'une intelligence bornée. Mais, par l'application à l'étude de la sagesse, on peut *toujours,* quel que soit le degré de pureté ou d'impureté de la matière, parvenir à la perfection et revenir à la bonté originelle de sa nature. C'est ce que firent *Tch'eng-t'ang* et *Ou Wang* (1).»

Ainsi parle *Tch'eng-tse.* Il n'admet donc pas qu'il y ait un seul homme, si mal doué soit-il, qui ne puisse par des efforts sérieux avancer constamment dans la voie du bien. Une parole de Confucius semblerait contraire à cette thèse. Le philosophe partage les hommes, au point de vue de la perfection et de la sagesse, en quatre catégories : dans la première il place ceux qui, ayant la la sagesse infuse, sont de tout point parfaits; dans la seconde, ceux qui sont bien doués et qui s'adonnent avec ardeur à l'étude; ceux d'une capacité inférieure, mais qui travaillent à vaincre les obstacles provenant de la matière grossière de leur être, forment la troisième classe; au quatrième et dernier rang viennent ceux qui ne font rien pour surmonter les obstacles provenant de leur constitution. La première et la dernière de ces catégories sont à jamais immuables : les parfaits ne peuvent déchoir, les plus déshérités resteront irrémédiablement stupides. (2)

Ces derniers mots pourraient faire supposer que certains hommes sont condamnés par leur constitution même à une incapacité radicale d'atteindre le vrai et de faire le bien, sans qu'il dépende de leur volonté de s'élever à un état meilleur. Il n'en est rien, disent les commentateurs. L'homme le plus grossier peut arriver à la vertu, quoique avec plus de peine et lentement peut-être; il suffit pour cela que, suivant l'expression de *Mong-tse* (ch. IV, 1e p., n°10), il n'étouffe pas les instincts de sa bonne nature et qu'il ne s'abandonne pas à une lâche indolence (不 自 暴 不 自 棄 也).

---

(1) 理 則 堯 舜 至 於 塗 人 一 也；才 禀 於 氣，氣 有 清 濁；禀
其 清 者 為 賢 禀 其 性 之 濁 者 為 愚；學 而 知 之 則 氣 無 清 濁，皆
清 至 於 善 而 復 生 也，困 而 湯 武 身 之 是 也．
可 (2) 孔 子 曰 其 次 也，困 而 不 學 民 斯 上 也，學 而 知 之 者 次 也，困 而
學 之 又 曰 唯 上 知 與 下 愚 不 移 (cf. *Len yu* ch. XVI. 9, vers. fin.).

LE SAGE (賢 人, 君 子).

Les saints sont rares: le ciel n'en produit qu'à de longs intervalles. Mais quiconque n'a pas la sainteté en partage dès le jour de sa naissance, doit par de constants efforts sur lui-même tendre à se rapprocher de ce type de la perfection. Il ne peut sans doute l'atteindre; songer à l'égaler serait une vaine illusion. *Yen-hoei* (顔 回) lui-même, le disciple chéri de Confucius, le plus diligent à l'acquisition de la sagesse, ne parvint qu'au point de demeurer trois mois fixé dans la vertu parfaite (1). Mais, tout le temps de sa courte carrière, il ne cessa de s'appliquer à l'étude qu'il avait à cœur. Et quel but poursuivait-il avec tant d'ardeur? Il voulait arriver à reproduire en lui la conduite même du Saint. «L'homme, dit *Tch'eng-tse* commentant un passage du *Len-yu* (ch. 3, n°29), est la quintessence du ciel et de la terre, jointe avec ce qu'il y a de plus pur dans les cinq éléments. Sa nature originelle est pure et calme. Antérieurement à tout acte, elle possède dans leur intégrité les cinq vertus naturelles (2), i. e. la bonté, la justice, la convenance ou bienséance (3), la prudence, la fidélité. Quand le corps est formé, le choc des choses extérieures fait sentir son contre-coup jusque dans l'intime de l'être. L'émotion intérieure cause la manifestation des sept passions, qui sont : la joie, la colère, la tristesse, la crainte, l'amour, la haine, la concupiscence. Les passions s'enflamment de plus en plus; la nature se déprave. Aussi les aspirants à la sagesse, en s'appliquant à réprimer leurs passions et à les faire rentrer dans le calme, n'ont qu'un seul but, rectifier leur cœur et entretenir leur nature vertueuse (Cf. *Len yu*, ch. 3, n°29 comment.).

Un jour que *Yen Yven* (顔 淵) demandait à son maître par quel moyen on peut atteindre à la vertu parfaite (仁), celui-ci lui répondit : «En se domptant soi-même et en revenant à la ligne du devoir (4).» «*Jen* ou la vertu parfaite, dit à ce propos *Tchou III*, est l'état d'intégrité du cœur originel (de notre cœur d'enfant, suivant l'expression de *Mong-tse*). Or, tendre par ses actes à cette

---

(1) 子 曰. 回 也, 其 心 三 月 不 違 仁.

(2) Elles s'appellent aussi les cinq vertus communes ou constantes 五 常.

(3) 禮 ne signifie pas ici de simples règles conventionnelles de politesse, mais 1ª tendance de la nature morale et intelligente de l'homme dans la voie de ce qui convient, et de ce qui est requis par la droite raison; c'est, en un mot, l'amour de l'ordre universel. 禮 只 是 一 个 序, comme dit *Tch'eng tse*.

(4) 顔 淵 問 仁, 子 曰. 克 己 復 禮 爲 仁. *Comment.* 仁 者 本 心 之 全 德, 爲 仁 者 所 以 全 其 心 之 德 蓋 心 之 全 德, 莫 非 天 理, 而 亦 不 能 不 壞 於 人 欲; 故 爲 仁 者 必 有 以 勝 私 欲, 而 復 於 理; 則 事 皆 天 理, 而 本 心 之 德 復 全 於 我 也. *(Len-yu* XII, 1).

perfection. c'est agir de façon à reconstituer la bonté native de ce cœur. La vertu parfaite du cœur n'est autre chose que le principe immatériel (*Li*), mais inévitablement entamé par les passions humaines. Voilà pourquoi celui qui veut redevenir parfait aura certainement à vaincre ses tendances dépravées et à rentrer dans l'ordre harmonieux de la droite raison. Ainsi, par la conformité de toutes mes actions au principe céleste, l'intégrité native de mon cœur sera reconstituée en moi.»

RÉTRIBUTION.

La sagesse doit montrer la vertu sous des couleurs assez attrayantes pour que sa seule vue captive les cœurs à jamais. Les charmes de la vertu, la vertu pour elle-même, tel est le thème habituel des compositions littéraires. Mais, nos lettrés le savent bien, la masse du peuple reste insensible à ces belles déclamations : il ne saurait être conduit dans la voie du bien par des motifs aussi purs, aussi dégagés de tout intérêt propre. C'est pour cela que, lorsqu'ils veulent exciter le peuple à revenir à la bonté première de leur nature (蹄 於 天 埋 良 心), en résistant à leurs passions mauvaises, ils sentent le besoin d'appuyer leurs exhortations sur la croyance d'une juste rétribution pour les bons et les méchants, telle que les anciens Livres l'enseignent.

Il n'est jamais question de récompense ou de châtiment dans une autre vie. Le lettré orthodoxe rejette l'idée de ciel et d'enfer comme une invention des Bouddhistes. «Si vous connaissez la vraie doctrine, disait l'Empereur *Yong-tcheng* à son peuple, vous savez qu'il n'y a pas de paradis en dehors d'un cœur pur et brillant de vertu, comme il n'y a pas d'autre enfer qu'un cœur ténébreux et noirci par le vice.» Le *I king* parle sans doute d'une rétribution en rapport avec la vertu et le vice; mais le sujet de là récompense ou du châtiment est la famille, dans un avenir plus ou moins éloigné, et non l'individu lui-même, auteur des bonnes ou des mauvaises actions. Jamais dans le *Chou king* ni aucun autre Livre canonique ou classique, l'espérance de bonheur ou la crainte de maux dans une vie d'outre-tombe ne sert comme argument pour exciter au bien ou détourner du mal.

Les exhortations au peuple publiées par les lettrés, dans un style d'ordinaire assez simple, forment un genre spécial de littérature, qu'on nomme 勸 世 文 *K'iuen che wen*. Le thème en est fort peu varié et le développement n'est qu'un long et ennuyeux verbiage d'un terre à terre et d'une pauvreté d'idées incroyable. Le meilleur spécimen et le plus soigné du genre est sans contredit l'Amplification du Saint Edit (聖 諭 廣 訓). A la fin de chacune de ces Instructions paternelles de l'Empereur à son peuple, le

mobile régulièrement invoqué pour l'émouvoir est la crainte des
maux de toutes sortes qui viendront l'accabler, s'il est méchant;
s'il est vertueux, au contraire, il peut espérer les biens du corps,
les honneurs, la fortune, avec la jouissance d'une vie longue et
tranquille.

Quand on leur objecte que la répartition des biens et des
maux ne se fait pas toujours en ce monde suivant la mesure des
mérites de chacun. puisque nous voyons souvent la vertu oppri-
mée et le vice triomphant; les plus savants répondent avec *Tchou
Hi* que c'est là une exception à la règle générale, provenant de
ce que la matière universelle s'est peu à peu viciée sous l'influence des mauvaises actions des hommes. La réponse leur semble
sans réplique (Cf. I. 27).

Les vices qui dégradent en l'homme la bonté originelle de sa
nature proviennent de trois sources différentes : premièrement, de
sa constitution physique influant sur la disposition de l'esprit (氣
稟); secondement, des désirs immodérés des sens (耳 目 口 鼻 之
欲); troisièmement, de l'ambition de la supériorité (爾 我 Toi et
Moi).

Seul le Saint (聖 人) est exempt de lutte intérieure ; il ne
ressent. lui, aucune difficulté à faire le bien (無 為). Tous les
autres éprouvent l'antagonisme en eux de deux tendances opposées,
qui sans cesse les sollicitent. L'égoïsme ou le cœur humain (人
心) est l'irréconciliable ennemi du cœur parfait (道 心) que le ciel
a mis en nous. Procurer à tout prix le triomphe de la raison
sur ses passions, fortifier la volonté (志 氣) contre les révoltes de
la chair (血 氣), telle est donc la préoccupation constante du sage
ou de l'homme supérieur. Pour cela il doit arriver à se connaitre
par un examen attentif, rigoureux de ses pensées et de ses désirs,
une active vigilance de tous les instants (1). Il s'adonne tout entier
à l'acquisition de la sagesse, non pour le seul plaisir de savoir, mais
pour diriger chacune de ses actions d'après les principes de la
droite raison. Il doit se rendre tellement indifférent à l'estime des
hommes, que l'oubli, le mépris, la pauvreté, la souffrance ne
puissent le faire malheureux. Le sage trouve la joie en lui-
même, dans la conscience du devoir accompli. Le but de ses
efforts est de connaitre à fond la doctrine des anciens et d'imi-
ter leur conduite vertueuse. Sujet aux attraits du mal, il peut
parfois faillir; mais ces faiblesses ne sont que momentanées,
comme les éclipses du soleil et de la lune, et son énergie les
rendra de plus en plus rares (2).

Mais, en fin de compte, le Sage a-t-il l'espoir d'atteindre à la
sainteté ? D'après certaines paroles de quelques philosophes, on
pourrait croire que la transition est possible du degré de 君 子

---

(1) 謝 氏 曰．未 至 於 從 容 中 道，無 時 而 不 自 省 察 也．
(2) 子 貢 曰．君 子 之 過 也，如 日 月 之 食 焉 (Len-yu, ch. 19, n. 21).

Kiun-tse à celui de *Cheng jen* 聖 人. Toutefois, la plupart le nient absolument. *Tchou IIi* cite à ce propos ce mot de *Tchang-tse* : «Je puis bien faire des efforts pour avancer sans jamais m'arrêter; mais probablement le reste ne dépend pas de moi et dépasse mon pouvoir (1).» Un autre dit encore : «Par des efforts répétés nous pouvons arriver à une haute vertu; mais quant à nous rendre la vertu tellement naturelle que nous la pratiquions sans aucun effort, cela est au-dessus de nos forces (2).» C'est un privilège spécial du saint, suivant le mot de *Mong-tse* : 大 而 化 之 之 謂 聖 *Qui magnus, jam in naturam id transformat,* [naturali veluti ductu rectum agens], *dicitur sanctus* (3). Voilà pourquoi *Yen-tse* lui-même, avec les meilleures dispositions et sa volonté très énergique, est toujours resté quelque peu en deçà du terme de la sainteté (此 顏 子 所 以 未 達 一 間 也).

Cependant, par la pratique persévérante de la vertu, on peut s'en rendre les actes de plus en plus faciles. «Le Sage, dit *Mong-tse* (4), est doué par la nature de la bonté. de la justice, de l'amour de l'ordre et de la prudence. Ces quatre vertus ont leur racine dans le cœur, d'où elles se manifestent par tout le corps : les quatre membres obéissent à leur impulsion, sans attendre un commandement exprès.» Et *Tch'eng-tse* commente ainsi ce passage : «La bonté. la justice, les rites et la prudence sont les quatre vertus essentielles à la nature humaine............ *Se t'i pou yen eul yu* (四 體 不 言 而 喻) signifie que mes membres, sans attendre un ordre exprès de ma volonté, pourront saisir spontanément ma pensée. En effet. si la matière dont je suis formé est pure et brillante, sans nulle entrave des passions déréglées, les quatre vertus de ma nature pousseront leurs racines dans mon cœur. Qu'elles s'y fortifient, aussitôt elles se manifesteront au-dehors par leurs effets; sans attendre de moi un ordre formel, tout mon corps et chacun de mes membres s'empresseront d'obéir à l'impulsion donnée.»

La conduite du Sage sert de modèle à quiconque veut tendre à la sagesse. Les commençants ont les yeux fixés sur lui, comme lui-même contemple le Saint: ils l'admirent et s'efforcent d'approcher de sa perfection. Le Saint, lui, regarde le ciel et l'imite sans faiblesse (5). L'état d'équilibre et d'harmonie est le partage du Saint; il suit la voie du ciel (天 道) et ne peut en déchoir. Le Sage suit la voie de l'homme (人 道) et doit remonter plus ou moins péniblement le courant des passions. Le Saint est naturellement parfait;

---

(1) 張 子 曰· 使 心 意 勉 勉 循 循 而 不 能 已; 過 此 幾 非 在 我 者·

(2) 楊 子 曰· 自 可 欲 之 謂 善; 充 而 至 於 大 力 行 之 積 也; 大 而 化 之 則 非 力 行 所 及 矣· 此 顏 子 所 以 未 達 一 間 也·

(3) Cf. Zottoli Curs. Litt. sin. Vol. II. p. 627, n° 24.

(4) Cf. Zottoli *ibid.* p. 607, n° 21.

(5) 聖 希 天; 賢 希 聖, 士 希 賢 (*T'ong-chou*).

donc aussi souverainement intelligent. Le Sage tend sans cesse vers la perfection, et il en approchera d'autant plus que son intelligence s'éclairera davantage par l'étude. C'est ce que le *Tchong-yong* exprime en ces termes : «Celui qui possède l'intégrité de sa nature a dès lors l'intelligence parfaite; et celui qui étend les bornes de son intelligence, s'approche d'autant de la perfection (1).»

D'après nos philosophes, la connaissance du devoir a pour effet nécessaire la pratique de la vertu. Ils ne disent pas comme le poète païen : *Video meliora proboque, deteriora sequor!* Non, dans leur orgueil insensé, ils font taire le témoignage de leur conscience pour exalter d'une façon monstrueuse les forces de la raison et de la volonté humaine. Ils prétendent arriver par leurs propres efforts à connaitre le bien et à l'accomplir, sans qu'ils aient besoin d'appeler à leur aide aucune puissance supérieure. En cela d'ailleurs ils ne sont que trop conséquents avec leurs principes du matérialisme le plus dégradant, principes qui doivent conduire logiquement le lettré chinois au plus absolu fatalisme.

«S'il dépendait de moi d'obtenir la richesse, disait Confucius, il n'est si vil métier que je ne ferais volontiers pour l'obtenir; mais, puisque cela ne dépend pas de mes efforts, je veux suivre mon goût pour l'étude (2).» De qui donc cela dépend-il? De l'inexorable destin, répond *Tchou Hi* (然 有 命 焉, 非 求 之 可 得 也); et il cite à l'appui le témoignage de *Sou Tong-p'ouo* (蘇 東 坡) et celui de *Yang Koei-chan* (楊 龜 山). «Si, dit ce dernier, le Sage ne court pas après l'or et les honneurs, ce n'est pas qu'il éprouve pour eux quelque répugnance; c'est qu'il sait bien que la répartition des richesses et des honneurs provient de l'action fatale du ciel et que, par conséquent, on ne saurait jamais les obtenir contre la décision du destin (3).»

§ III. *LE SAINT* (聖 人).

Au-dessus du Sage (賢 人 ou 君 子), brille d'un éclat exceptionnel le chef-d'œuvre de la Nature, l'homme idéal, le type achevé de la perfection, le Saint (聖 人). Sous le rapport de la nature originelle, c'est-à-dire considérée hors de la matière qui l'individualise, le Saint n'est rien de plus, rien de moins qu'un être quelconque. Ce qui le distingue d'entre tous et en fait un être privi-

---

(1) 誠 則 明 矣, 明 則 誠 矣 (*Tchong-yong* n° 21).
(2) Cf. *Len-yu*, ch. IV, 1e p., n° 11.
(3) 楊 氏 曰 · 君 子 非 惡 富 貴 而 不 求, 以 其 在 天 無 可 求 之 道 也 · La même doctrine fataliste se voit encore dans le *Len-yu* ch. VII, 2e p. n° 27, *Commentaire.*

légié, c'est que sa substance matérielle est d'une pureté, d'une subtilité extrême, semblable à un diamant de la plus belle eau, qui n'offrirait aucun obstacle au passage des rayons lumineux. L'homme, dit *Tchou-tse*, est constitué physiquement par la portion plus pure de la matière (陰陽五行之氣········· 精英者爲人); mais, de cette quintessence elle-même la partie superfine est le partage du Saint (精英之中又精英者爲聖人).

Dans les premiers siècles qui suivent le chaos, lorsque le monde est encore dans la force de sa jeunesse renouvelée, la matière étant plus pure doit nécessairement produire des êtres plus parfaits : c'est l'âge d'or, le temps où de sages princes font des peuples heureux. «Alors, dit *Hiu Yong-tchai* (許庸齋), l'homme est à l'apogée de sa perfection; au commencement de chaque période cosmique apparaît un *Fou-hi* (1).» Mais, à mesure que le monde vieillit, la matière se charge d'impuretés, les Saints deviennent plus rares, l'humanité se dégrade, l'univers revient insensiblement au chaos, son point de départ. Voici la liste des personnages reconnus officiellement comme Saints : 1° *Fou-hi* (伏羲 2852-2738 av. J. C.); 2° *Chen-nong* (神農 2737-2697); 3° *Hoang-ti* (黃帝 2697-2597); 4° *Yao* (堯 2356-2258); 5° *Choen* (舜 2255-2205); 6° *Yu* (禹 2205-2197); 7° *Tch'eng-t'ang* (成湯 1766-1753); 8° *I-yn* (伊尹 mort en 1713); 9° *Pi-kan* (比干 1222); 10° *Wen Wang* (文王 1231-1135); 11° *Ou Wang* (武王 1169-1116); 12° *Tcheou-kong* (周公 mort en 1105); 13° *Lieou-hia Hoei* (柳下惠 env. 600); 14° *Confucius* (孔夫子 551-479).

Le dernier dans l'ordre chronologique, Confucius occupe cependant depuis longtemps parmi ses congénères le premier rang d'honneur : il est le Saint par excellence 至聖先師孔子. A propos de ce passage du *Len-yu* (chap. 5) où *Tse-kong* disait : «Certainement le Ciel l'a doué sans mesure : il doit être un Saint»; voici ce qu'enseignait un précepteur de *K'ang-hi* à son impérial élève : «Toutes les fois que le Ciel a fait naître des Saints, il a mis certaines limites à leurs talents et à leur vertu; mais quant à notre Maître, pas de semblables bornes. Le Ciel a élargi tellement pour lui la mesure des talents et des vertus, qu'il a atteint le point de la sainteté la plus excellente (2).»

Si donc nous voulons nous faire une idée aussi exacte que possible de ce qu'est un Saint aux yeux des lettrés chinois, il nous faut recueillir avec soin ce qu'ils nous disent de leur maître. En lui l'organisation matérielle était très parfaite; aussi le principe céleste se manifestait-il non-seulement dans ses paroles, mais

---

(1) 以其開闢之初蓋天縱之將聖；必又一開闢之初也(許庸齋).
極以復立，伏羲固分限：獨吾夫子不爲限量：縱其才德，使遣於
(2) 子貢曰：制之域·
有節聖之域·

皆於天生聖人繼天爲主，而 聰明神聖者

dans chacune de ses moindres actions, dans son silence même et son repos. Un jour Confucius dit à ses disciples : « Je voudrais ne rien dire. » — « Maître, reprit *Tse-kong*, si vous ne parlez, qu'aurons-nous à transmettre à la postérité (1) ? » Là-dessus, la glose fait cette réflexion : Les disciples, pour la plupart, ne considéraient le saint homme que d'après ses paroles; ils ne remarquaient pas cette influence du principe céleste qui coulait en lui sans obstacle et se manifestait dans tout son extérieur, avant même qu'il n'exprimât oralement ses pensées. Aussi ne percevaient-ils que ses paroles et non ce qui en était le mobile intérieur. Le principe actif *(Li)*, essentiellement pur et bon (純粹至善者), n'a rien perdu de sa liberté d'action, de sa clarté, de sa bonté en venant informer la portion de matière qui est échue au Saint. Celui-ci agit toujours et spontanément en parfaite conformité avec ce principe : c'est la raison même de sa perfection. Le *Tchong-yong* exprime cette idée lorsqu'il donne au Saint la qualification de 至誠者.

L'idéal de l'humanité réalisé dans la personne du Saint, la perfection absolue qui est son partage, est bien ce que signifie le terme 誠. Rémusat l'a rendu par « la perfection » et « la perfection morale »; le P. Intorcetta par « vera solidaque perfectio ». Legge le traduit par « sincerity », « simplicity or singleness of soul », « the disposition to. and capacity of. what is good, without any deteriorating element, with no defect of intelligence, or intromission of selfish thoughts. » Ces derniers mots décrivent très bien les effets de 誠 signalés par *Tchou Hi* (n.21) : 德無不實,而明無不照者,聖人之德所性而有者:天道也; mais ils n'expriment pas assez clairement ce qu'il est *en soi. Tchou Hi* en donne cette définition : 誠者眞實無妄之謂. Cet état de conformité est le propre du Saint : 聖人之德渾然天理眞實無妄. Il nous semble que ce qui rend le mieux l'idée de *Tch'eng* d'après les philosophes chinois, c'est la « Conformité » parfaite d'un être avec sa nature, ou avec le principe d'ordre universel (天理) qui est en lui. C'est par cette conformité que l'homme devient l'égal du Ciel et de la Terre (2).

Tch'eng (誠), dit *Tcheou Lien-k'i*, est synonyme du *T'ai ki*, ou *Li* que chaque être reçoit tout entier (3); mais il peut être, et il est généralement, limité dans ses effets par l'imperfection de la matière qui le renferme. Dans le Saint ces limites n'existent pas (4):

---

(1) 子曰·予欲無言;子貢曰·子如不言,則小子何述焉· *Comment :* 學者多以言語觀聖人,而不察其天理流行之實有不待言而著者;是以徒得其言,而不得其所以言 *(Tchou Hi).*

(2) Cf. Legge Chin. Classics. Doctrine of the mean, ch. 21, note.

(3) 不誠無物 *(Tchong yong,* n. 25).

(4) 誠卽所謂太極也…;誠者…… 天所賦,物所受之正理也;人皆有之·而聖人之所以爲聖者無 *(T'ong-chou,* comment.).

Il agit constamment en conformité avec sa vertueuse nature. Son intelligence perçoit sans effort la raison intime de chaque chose; sa volonté n'éprouve aucune difficulté à se porter au bien et à demeurer ferme dans la voie de la justice, de l'ordre et du devoir (1).

Tous les auteurs lui attribuent comme qualité essentielle la science innée, infuse (生 而 知 之 者). La plupart semblent croire qu'elle n'a pas de limite, mais s'étend à tout sans exception : rien n'est caché au regard du Saint; il est omniscient (2). *Tchou Hi* cependant enseigne que l'objet de cette science embrasse seulement les principes généraux, d'où le Saint tirera sans peine, dans le cours de sa vie, les conclusions pratiques nécessaires pour le bien des hommes. C'est l'opinion que *Yn Yen-ming* (尹 彦 明, 1100), un des commentateurs du *Len-yu,* exprime en ces mots : «Lorsque Confucius, qui, comme Saint, possédait la science infuse, nous répète avec insistance qu'il aimait à étudier, il ne faut pas croire qu'il ne parlait ainsi que par pure modestie et pour exciter ses disciples au travail, par la force de son exemple. Non, car la science innée n'a pour objet que les principes généraux. Quant à l'application particulière de ces principes, comme, par exemple, les détails pratiques du cérémonial et de la musique, les choses célèbres de l'antiquité, les évènements des temps anciens et modernes, le Saint lui-même ne peut que par l'étude en avoir une connaissance certaine (3).» Mais, dès que l'occasion amène devant son esprit les questions les plus difficiles, aussitôt, sans effort, il les pénètre à fond; ses décisions sont claires, ses jugements infaillibles (4); car il est doué d'une pénétration sans mesure. «L'esprit du Saint, dit *Tchou-tse,* est parfaitement pur et brillant, il contient dans son ampleur la raison de toutes choses. A la plus légère impression reçue il répond à l'instant, et rien dans la nature n'échappe à sa pénétration.» *(Mong-tse, ch. 13. Comment.).*

L'homme parfait peut lire dans l'avenir la prospérité ou la ruine des dynasties. Tous les changements, en bien et en mal, qui doivent arriver dans l'Empire, il les connaît d'avance d'une science certaine, par l'observation des phénomènes de la nature, la disposition de l'herbe divinatoire (蓍) et les lignes qu'il remarque sur la carapace de la merveilleuse tortue (龜). La raison de ce pou-

---

(1) 誠 則 衆 理 自 然 無 一 不 備，不 待 思 勉，而 從 容 中 道 矣 *(T'ong-chou, Comment.).*

(2) 聖 人 神 明 不 測 之 號 *(Tchou-tse).*

(3) 生 而 知 之 者，氣 質 清 明，義 理 昭 著，不 待 學 而 知 也 *(Tchou-tse).*

尹 氏 曰 孔 子 以 生 知 之 聖，每 云 好 學 者，非 惟 勉 人 也；蓋 生 而 可 知 者 義 理 爾；若 夫 禮 樂 名 物，古 今 事 變，亦 必 待 學 而 後 有 以 驗 其 實 也.

(4) 所 謂 聖 者，不 勉 不 思 而 至 焉 者 也 *(Mong-tse, ch. 5)* 無 思 而 無 不 通，爲 聖 人 *(T'ong-chou.).*

voir de claire vue est, dit *Tchou Hi,* que le Saint n'a devant
les yeux de son intelligence aucune trace d'égoïsme ou de faus-
seté, puisqu'il est de tout point conforme à la Nature; rien ne
l'empêche donc d'apercevoir les choses les plus subtiles. Par sa
connaissance admirable, il ressemble aux *Koei-chen* (1).

Le Saint est de plus le parangon de la perfection morale; il
possède toutes les vertus à un degré éminent (2). Constant dans
la voie du juste milieu, il agit suivant la droite raison. «Tout
homme, dit *Mong-tse,* a reçu du Ciel ses sens avec leurs fonctions
déterminées; mais le Saint peut seul en faire un usage parfait,
parce que, ajoute le commentateur, seul il sait se conformer de
point en point à la direction du principe intérieur *(Li)* qui l'anime et le dirige (3).» Ce passage, dit aussi *Tch'eng-tse,* signifie que
le Saint suit en tout la voie que la nature a tracée aux hommes,
et par là il fait un bon emploi de ses sens.............. Le vulgaire
possède bien aussi le principe directif *(Li),* mais il l'ignore; le
sage ordinaire s'y conforme, mais non pas parfaitement : seul le
Saint peut faire un emploi correct de ses sens (4).»

Jamais la passion ne l'émeut; il se possède dans un calme
que rien ne saurait altérer. Le principe céleste incorporé dans
sa personne (聖 人 體 道) se manifeste et brille au-dehors pour
éclairer les hommes et les porter au bien. Tout en lui, ses moindres actions, ses paroles, jusqu'à son repos et son silence même
sont autant de leçons, que les sages seuls perçoivent et dont ils font
leur profit; mais, si le vulgaire et les hommes vicieux ne sont pas
transformés, la faute en est uniquement à leurs mauvaises dispositions et à leur volonté dépravée; car la sagesse du Saint est
d'elle-même capable d'éclairer tous les esprits, comme sa vertu
a la force de changer tous les cœurs (5). Son influence bienfaisante
est sans bornes, comme l'influence même du Ciel. «De même,
dit *Tchou Hi,* que dans le cours régulier des quatre saisons,
dans la production et la conservation des êtres de l'univers, se
voient partout avec évidence les effets de l'évolution du principe
céleste (天 理), sans que le Ciel doive pour cela rompre son silence:
ainsi tout dans le Saint, l'action et le repos, révèle également le

_____

(1) 唯 誠 之 至 極 而 無 一 毫 私 僞 留 於 心 目 之 間 者, 乃 能
有 以 察 其 幾 焉 (Cf. *Tchong yong* § 34 *Comment.*).

(2) 聖 者 .... 幾 無 不 明, 德 無 不 備 者 也 (*T'ong-chou,*
comment.).

(3) 孟 子 曰 · 形 色 天 性 也; 惟 聖 人 · 然 可 以 踐 形 (*Mong-tse,*
ch. 13, n. 38.).

(4) 程 子 曰 · 此 言 聖 人 盡 人 道 而 能 充 其 形 也
衆 人 有 之 而 不 知, 賢 人 踐 之 而 未 盡, 能 充 其 形 惟 聖
人 也 (Ibid. Comment.).

(5) 聖 人 體 道 無 隱, 與 天 象 昭 然, 莫 非 至 教, 常 以 示
人; 而 人 自 不 察.

principe merveilleux, la droiture parfaite dont il est plein.» Et il conclut par ce cri d'enthousiasme : «En un mot, le Saint est le Ciel personnifié (1)!»

Le *I King* avait depuis longtem·s déjà représenté l'homme parfait comme l'égal du Ciel en perfection : «Ses vertus, y est-il dit, égalent celles du Ciel et de la Terre; il brille comme le soleil et la lune; sa régularité est comparable à celle des quatre saisons; son influence rappelle celle des esprits. Si son action devance le Ciel, le Ciel ne la contrarie pas; s'il suit le Ciel. il se conforme aux saisons. Et si le Ciel même ne lui résiste pas, combien moins les hommes et les esprits lui résisteront-ils (2)?» *Tse-se* (子思), petit-fils de Confucius, nous fait dans le *Tchong-yong* une description qui semble bien n'être que le développement du passage précédent du *I King*. Le Saint nous y est dépeint comme transformant les hommes par la force de son exemple et de ses enseignements, et conduisant tous les êtres jusqu'au complet épanouissement de leur nature. Il aide et assiste le Ciel et la Terre dans la production et la conservation de toutes choses; il est le troisième agent de l'univers 與 天 地 竝 立 爲 三 也 (*Tchong-yong, comment.*), l'égal même du Ciel (配 天) (3).

Le Saint sait qu'il est inébranlablement fixé dans le bien, hors d'atteinte des passions humaines. qu'il domine sans lutte; il se rend témoignage à lui-même, en face du Ciel, de la rectitude de ses intentions, de l'innocence de ses actes, et le Ciel ne saurait le contredire en rien. Nos philosophes se font de la prière une idée très étroite : ils ne la conçoivent que comme un acte de propitiation par l'aveu de ses égarements et la soumission sincère aux lois de la raison. «Le Ciel. dit *Tchou Hi,* est le premier principe de toutes choses, vénérable sans égal. Agir contre ce prin-

---

(1) 四 時 行 百 物 生, 莫 非 天 理 發 見 流 行 之 實, 不 待 言 而 可 見; 聖 人 一 動 一 靜, 莫 非 妙 道 精 義 之 發, 亦 天 而 已 (*Len-yu*, ch. 17, n. 18 *Comment.*).

(2) Cf. *I King* 乾 卦. J. Legge rend ainsi la fin de ce pa sage : "... .... in his relation to what is fortunate and what is calamitous, (he is) in harmony with the spirit-like operations (of Providence). He may precede Heaven, and Heaven will not act in opposition to him; he may follow Heaven, but will act (only) as Heaven at the time would do. If Heaven will not act in opposition to him, how much less will men! *How much less the spirit-like operations* (of Providence)!" Que l'on remarque cette progression descendante qui subordonne à l'homme parfait les mystérieuses opérations de la Providence, et fait toutes ces opérations de moindre importance que l'homme lui-même. Mais qu'est-ce donc que la Providence, sinon Dieu dirigeant toutes choses par sa sagesse? Or, il est évident que l'auteur de cet Appendice du *I King* n'a pas de cette Providence la moindre idée, pourquoi donc la lui prêter? Il ne semble pas même qu'il ait l'idée d'un être distinct et indépendant de la matière.

(3) Cf. *Tchong-yong*, n. 22. 與 天 地 参; n. 26 配 地; 配 天; n. 31 配 天.

cipe de l'ordre universel. c'est offenser le Ciel (1).» Or, le Saint (至 誠 者) agit toujours en parfaite conformité avec la raison; il est donc impeccable. Alors qu'a-t-il besoin de prier? Sa vie n'est-elle pas plutôt une prière incessante? Telle est l'explication que donne le Commentateur du refus qu'opposa Confucius malade à ce que l'on fît des prières pour lui : «Le Saint, dit-il, ne commit jamais de fautes; il ne pouvait se convertir à la vertu, car toute sa conduite était d'accord avec l'Esprit du Ciel (2).» La vue de son excellence le portera-elle du moins à adresser au Ciel un mot de gratitude pour l'avoir mis au-dessus du commun des hommes? Non; et, de fait, le Ciel pouvait-il ne pas le faire tel qu'il l'a fait, puisqu'il agit fatalement?

Voilà, dans ses grands traits, l'homme parfait de la philosophie chinoise, tel qu'il nous est représenté dans la personne de Confucius, qui passe aux yeux d'un peuple immense pour avoir été le *beau idéal* de l'humanité (3).

---

§ IV. *AMES ET ESPRITS* (鬼 神).

«Celui-là, dit *Mong-tse*, est saint, qui fait le bien naturellement et sans effort; celui dont la sainteté est si grande qu'elle échappe à notre connaissance, est qualifié de *Chen*, parce que, d'après *Tch'eng-tse*, il a atteint le point le plus sublime, le plus merveilleux de la vertu. que l'intelligence humaine est incapable de concevoir. L'idée de *Mong-tse* dans ce passage n'est donc pas que au-dessus du Saint il y ait un autre degré de personnes spirituelles (4).»

Ces expressions. et d'autres semblables, fournirent à ses ennemis des armes contre *Tch'eng-tse;* on l'accusa de nier l'existence

---

(1) 天 卽 理 也, 其 尊 無 對...; 逆 理 則 獲 罪 於 天 矣.
(2) 聖 人 未 嘗 有 過, 無 善 可 遷, 其 素 行 固 已 合 於 神 明. (Cf. *Len yu*, ch. VII, 34. *Comment.*).

(3) "He was a Chinese of the Chinese; he is also represented, and all now believe him to have been the *beau idéal* of humanity in its best and noblest state." (Chin. Classics I Vol. Proleg., p. 93). Dix pages plus loin, J. Legge termine la biographie de Confucius et formule en ces termes son jugement sur son héros : "I must now leave the sage. I hope I have done him no injustice : but after long study of his character and opinions, *I am unable to regard him as a great man.* He threw no new light on any of the questions which have a world-wide interest. He gave no impulse to religion. He had no sympathy with progress. His influence has been wonderful, but it will henceforth wane. My opinion is that the faith of this nation in him will speedily and extensively pass away."

(4) 大 而 化 之, 之 謂 聖; 聖 而 不 可 知 之, 之 謂 神......
程 子 曰. 聖 不 可 知 謂 聖 之 至 妙, 人 所 不 能 測; 非 聖 人 之 上, 又 有 一 等 神 人 也 (*Mong-tse*, I. XIV, 24).

des Esprits *(Koei-chen)*, dont parlent si souvent les livres les plus anciens. *Tchou Hi* prit en mains la défense de son maître : «Non, dit-il, *Tch'eng-tse* n'a pas eu l'intention de nier qu'il y ait des Esprits : il dit seulement que ces Esprits ne sont pas ce qu'enseignent les sectes hétérodoxes, ni ce que croit le vulgaire ignorant (1).»

Et que sont-ils donc alors? Ce ne sont sûrement pas des êtres spirituels, au vrai sens que nous, chrétiens, donnons à ce mot : car il est indubitable que les philosophes chinois, depuis le douzième siècle du moins, ne semblent pas même avoir l'idée d'un être indépendant de la matière dans son existence et ses opérations.

Tous les phénomènes physiques, intellectuels et moraux, ils les expliquent sans peine à leur façon, par les évolutions nécessaires de la matière avec ses qualités diverses *(Yn et Yang)*. Tel est le thème invariable de leur rapsodie du 性 理 大 全, du 性 理 精 義 et de tous les ouvrages qui affichent quelque prétention philosophique.

Mais, en ce point comme en tous les autres, les docteurs de la Renaissance loin de se donner pour des inventeurs de système, tiennent à honneur d'être considérés comme les restaurateurs de la tradition antique, les disciples fidèles du premier maître de la nation, Confucius. La question des esprits est, comme on le sait, une de celles que Confucius refusait de traiter publiquement devant ses élèves ; il la jugeait inutile, sans doute, pour la pratique de la vie. Les quelques paroles qui nous ont été conservées de lui sur cette matière prêtent, dans leur ensemble, à l'interprétation matérialiste qu'on leur a donnée dans la suite.

Dans les Appendices du *I King* attribués' à Confucius par tous les lettrés, bien que, au jugement assez fondé de Mr. Legge, il soit très probable que la majeure partie n'est pas de lui, les mots *Koei* (鬼) et *Chen* (神) reviennent fréquemment, parfois séparés, plus souvent unis ensemble. Nous verrons plus loin à quoi répondent *Koei* et *Chen* pris séparément, lorsqu'il s'agit de l'homme. Recherchons d'abord quel est le sens véritable des deux mots unis dans l'expression *Koei-chen?* «I do not see my way, dit Legge, to translate them, when used *binomially* together, otherwise than by *spiritual beings, or spiritual agents* (2).» Mais, si l'on prend le mot «Esprits» *stricto sensu*, comme signifiant des êtres indépendants de la matière dans leur existence et leurs opérations, c'est supposer à *Koei-chen* un sens qu'il n'a certai-

---

(1) 二 程 初 不 說 無 鬼 神, 但 無 而 今 世 俗 所 謂 鬼 神 耳.
(Œuvres compl., I. 51, f. 2).

(2) Introduction to the *I King*, p. 35.

nement pas aujourd'hui dans l'esprit des lettrés et qu'il
n'avait très probablement pas davantage à l'époque à laquelle
remonte la composition des Appendices du *I King*. Rien n'empêche cependant d'employer ce terme, en le prenant dans un
sens plus restreint de phénomènes mystérieux, d'effets dont la
cause échappe à l'intelligence et qui produisent en nous la sur-
prise, l'étonnement, la crainte. «Toute transformation dans les
principes parfaits et imparfaits de la nature *(Yn et Yang)*, dont
la cause échappe à notre connaissance, s'appelle *Chen* (神).»
Ainsi s'exprime le *I King*.

Le *Li ki* 禮記 (sect. 8ᵉ) rapporte qu'un des disciples, (宰我)
Tsai-ngo, dit un jour à son maitre : «J'ai bien entendu les noms
de *Koei* et de *Chen*, mais j'ignore ce qu'ils signifient.» Et Confucius lui répondit : «*K'i* (氣, l'esprit vital) est la plénitude de
Chen (神); *P'é* (魄) est la plénitude de *Koei* (鬼) (1). Unir le
Koei au *Chen*, lorsque nous voulons offrir des sacrifices à nos
parents défunts, est le plus grand des enseignements que nous
ont transmis nos anciens législateurs.» Le commentateur (眞德
修) enseigne (2) que le principe de l'intelligence dans l'homme est
le *K'i* (氣, ou *Hoen* 魂), tandis que les parties moins subtiles
dans l'âme constituent le principe de sensation *Ts'ing* (精) ou
P'é (魄). Une autre glose dit qu'à la mort, la portion plus
subtile et partant plus active (靈) dans l'âme intelligente devient
le *Chen* (神); la partie plus parfaite, plus déliée (靈) de l'âme
sensitive devient le *Koei* (鬼). Pendant la vie les deux âmes
étaient unies, mais à la mort elles se séparent : le (氣) *K'i* vole
en haut, et le (魄) *P'é* descend vers la terre.

Confucius poursuivit en ces termes son instruction à *Tsai-ngo*:
«Tout ce qui a vie doit mourir, et mort doit retourner (歸, *Koei*)
à la terre; de là le nom de (鬼) *Koei*. Les os et la chair, descen-
dus en terre, y redeviennent poussière; tandis que le *K'i* (氣)
s'élève et se répand. Celui-ci devient une lumière brillante, et
monte comme une vapeur légère, produisant en nous un sentiment
de stupeur, de tristesse (3) : c'est la pure essence des êtres (精),
la portion la plus subtile de l'homme, la manifestation du *Chen*
(神).» Et la glose ajoute : «Le souffle de vie (氣) doit un jour se
trouver épuisé: aussi personne ne peut échapper à la mort. Le *P'é*,
qui alors retourne à la terre, et le *K'i*, qui se répand dans l'air,
sont les essences subtiles des choses (精靈).»

Le maître continue : «Parce que ce sont là les essences subtiles des êtres, les anciens sages ont cherché, pour les désigner,

---

(1) 氣也者神之盛也．魄也者鬼之盛也．
(2) 氣則魂也．人之所以思慮知識；精則魄也．目之所以
明，耳之所以聰．
(3) 其氣發揚於上為昭明．焄蒿悽愴；此百物之精也．神
之著也 (loc. cit.).

un nom très honorable : ils les nommèrent *Koei-chen,* voulant
qu'ils servent de modèles au peuple. et que tous leur rendent
hommage et soumission.» «Les *Koei-chen,* dit le commentateur,
sont donc proprement les âmes supérieures et inférieures (氣 et 魄)
des hommes et des animaux ; mais les sages ne voulurent pas
les désigner sous ce nom trop vulgaire : pour faire impression sur
l'esprit du peuple, ils les appelèrent *Koei-chen,* ou êtres spirituels.»

Tse-se (子思) rapporte aussi dans le *Tchong-yong* (中庸)
une parole de son grand-père sur les Esprits : «Oh ! Qu'elle est
grande, s'écriait-il, la puissance des *Koei-chen!* Nos yeux ne
peuvent les voir, ni nos oreilles les entendre ; mais ces esprits
sont tellement unis à chacun des êtres. qu'ils n'en peuvent être
séparés (1).» A ce propos. *Tch'eng-tse* donne cette définition des
Koei chen : «Ce sont les traces sensibles des productions et transformations qui s'opèrent dans la nature (2).» *Tchang-tse* exprime la
chose autrement : «*Koei* et *Chen,* dit-il, sont l'énergie naturelle
des deux modes *(Yn* et *Yang)* de la matière.» «Et moi, ajoute à
son tour *Tchou Hi,* je pense que, si l'on considère la matière
universelle *(K'i)* avec ses deux composants, *Koei* (鬼) est l'activité
de *Yn, Chen* (神) l'activité de *Yang.* Si maintenant l'on considère *K'i* sans distinguer ses deux modes, alors, en tant qu'il avance. progresse, s'étend (伸 *Chen*), on l'appellera *Chen* (神); en tant qu'il
recule, se retire, se replie sur lui-même, revient au point de départ (歸 *Koei*), on le nommera *Koei* (鬼). Mais, sous ces noms
divers, en ces deux états distincts, ce n'est en réalité qu'un seul
et même être (其實一物而巳).

Chen est donc le phénomène de production d'un être quelconque, de sa conservation, de sa croissance. de sa vigueur;
Koei est, dans le même être, le phénomène opposé d'affaiblissement,
de déclin, de corruption, de mort (3).

Du principe si souvent énoncé par nos philosophes «*omnia
unum*» (萬物一體). on pouvait déjà conclure que les *Koei-chen*
sont, d'après eux, une même substance avec les choses auxquelles
ils sont unis. Mais, dans le commentaire qu'ils font de ce passage
du *Tchong-yong* (§ 16) 體物而不可遺 *(Concorporati sunt
rebus et non possunt amoveri),* ils s'appuient directement sur le
témoignage de Confucius pour affirmer que l'union des *Koei-chen*
avec un être quelconque est tellement étroite, essentielle, que la
séparation amènerait infailliblement la destruction de cet être.
«Toute chose, dit le commentateur, commence ou cesse d'exister par

---

(1) 子曰·鬼神之爲德其甚矣乎;視之而弗見,聽之而弗
聞,體物而不可遺 *(Tchong-yong.* § 16).
(2) 程子曰·鬼神天地之功用,而造化之迹也·
(3) 神伸也;鬼歸也,如風雨雷電初發時神也;及至風
止雨過,雷往電息,則鬼也 (Œuvres, 1. 61, f. 2).

l'union ou la séparation des deux principes matériels *Yn* et *Yang*, qui en sont la substance même (1). Or, il est évident qu'un être ne saurait exister séparé de sa substance (2). Donc les *Koei-chen* sont inséparables des choses, par la raison qu'ils ne sont eux-mêmes que les modes de la matière universelle, avec leurs vicissitudes perpétuelles et fatales de génération, de progrès, d'abord, puis bientôt de déclin et de corruption.

«En un mot, dit *Tchou Hi*, l'agrégation atomique et la dispersion, le commencement et la fin de tous les êtres, ont pour cause les mouvements de la double matière (二 氣), qui se contracte ou se dilate, se retire ou s'approche. Cette activité des *Koei-chen* est la substance même des êtres, et aucun ne peut exister sans elle; comme tout le reste, l'homme aussi est un composé de *Koei-chen* (3).»

Le lettré, l'esprit plein de cés idées, verra des *Koei-chen* dans tous les phénomènes de la nature; il ajoutera foi aux contes les plus invraisemblables, trouvant à tout, dans les mouvements de la matière, une explication unique, qui lui semble aussi profonde que convaincante. «Le vent, la pluie, le tonnerre, la rosée, le soleil, la lune, le jour, la nuit sont autant de manifestations des *Koei-chen*: mais ce sont de bons et honnêtes *Koei-chen*, des esprits de lumière (4). Quant à ceux qui sifflent sur les toits, ou qui vont se jeter contre la poitrine des gens, ce sont de méchants *Koei-chen*, des esprits de ténèbres; ils vont, viennent, disparaissent, et changent constamment d'état (5). Il en est d'autres à qui l'on adresse des prières et qui les exaucent, etc ... » Le même principe suffit à rendre compte de tous ces phénomènes: les qualités de la matière plus ou moins subtile, plus ou moins étendue, sont ce qui les distingue les uns des autres (6).

On comprend quel vaste champ est ainsi ouvert aux croyances absurdes, aux craintes puériles, aux vaines pratiques de la superstition! Le Ciel et la Terre, les Vents, les Nuages, le Tonnerre, la Pluie, les Montagnes et les Fleuves de l'Empire, les mânes des ancêtres et des hommes célèbres à quelque titre; des animaux même, comme le singe, le renard, le fabuleux dragon; parfois un serpent, un alligator, une grenouille, une

---

(1) 物 之 終 始 莫 非 陰 陽 合 散 之 所 爲 ……是 其 爲
物 之 體 (*Tchong-yong*, § 16, *comment.*).

(2) 而 物 所 不 能 遺 也 (Ibid.).

(3) 萬 物 之 聚 散 始 終 無 非 二 氣 之 屈 伸 往 來;是 鬼
神 之 德 爲 物 之 體,而 無 物 能 遺 棄 者 也 ……故 人 亦
鬼 神 之 會 爾 (Ibid.).

(4) 此 是 白 日 公 平 正 直 之 鬼 神 (Œuvres, l. 51, f. 3).

(5) 此 則 所 謂 不 正 邪 暗 或 有 或 無 或 去 或 來 (Ibid.).

(6) 世 間 萬 事 皆 此 理;但 精 粗 大 小 之 不 同 爾 (Ibid.).

tortue sont placés dans le Pandémonium impérial et reçoivent, de par l'ordre du Fils du Ciel, les hommages de lettrés érudits et de hauts fonctionnaires, d'ailleurs bien connus pour leur intelligence pratique des affaires (1)

Les *Koei-chen* se divisent en trois catégories. La première est celle des Esprits du ciel (天神), formés de la plus pure essence de la matière : ce sont le soleil, la lune, les étoiles et tous les corps célestes qui, dit *Tchou Hi*, opèrent leurs mouvements et leurs révolutions d'une manière tout à fait mystérieuse. La seconde comprend les Esprits terrestres (地祇) des collines, des cours d'eau, des arbres et des plantes, dont les transformations se font d'une façon en quelque sorte plus apparente ou moins mystérieuse. La troisième catégorie est celle des mânes (人鬼), ou Esprits des hommes morts (Cf. 周禮 sect. 3, *initio*, avec comment.).

Dès la plus haute antiquité, les Chinois ont cru à l'existence d'esprits bons (神) et mauvais (姦). Ces derniers, de beaucoup les plus nombreux, sont représentés comme des monstres de la nature, formés des éléments impurs de la matière, qui ne cherchent qu'à nuire aux pauvres humains. Les Rituels anciens et modernes sont pleins de formules d'exorcisme contre l'influence de ces esprits de malice, appelés aussi *Yao-chen* 妖神 ou 神怪 *Chen-koai*. Ils produisent leur mauvaise influence là où ils naissent : les uns dans les régions de l'air, comme les esprits de la peste (瘟鬼) et de la sécheresse (魃 ou 旱母); les uns sur les montagnes (山神), comme les Faunes (魑魅); d'autres dans les eaux (水神), comme les Naïades (魍魎 ou 狐蜮). *Tchou Hi* parle de plusieurs de ces esprits dans la section 51ᵉ de ses Œuvres, et il cite le 家語, où il est dit : 山之鬼曰夔魍魎,水之怪曰龍罔象,土之怪曰羵羊,皆是氣之雜揉乖戾所生.

La croyance des Chinois à la réelle existence de certains animaux mystérieux est aussi ancienne que leur histoire. Actuellement encore, cette croyance semble aussi fortement enracinée que jamais dans l'esprit des lettrés : et ils en rendent compte avec autant de facilité que des esprits *Koei-chen*, à l'aide des principes de leur philosophie matérialiste.

---

(1) Voir par exemple parmi les Proses anciennes de la dynastie *T'ang* (唐文) l'allocution comminatoire de *Han Yu* à un pauvre crocodile égaré dans la rivière de Canton. Il ordonne au monstre, au nom de l'Empereur son maître, d'avoir à changer au plus tôt de domicile; autrement il n'est qu'une bête : 鱷魚有知,其聽刺史言!.......... ...
不然,則是鱷魚冥頑不靈,刺史雖有言不聞不知也! Si, non content du sacrifice qu'on lui fait d'une brebis et d'un cochon, il continue encore ses brigandages, qu'il sache que bientôt il mourra sous les coups des archers du préfet. (V. Cursus Litter. sin., vol. IV, p. 353). Et tout cela se fait sérieusement. Des scènes de ce genre se passent encore assez souvent de nos jours; nous pourrions en donner plus d'un exemple tiré de la gazette de *Péking* (京報).

Les *Se-ling* (四 靈) ne sont pas à leurs yeux de purs symboles. Ils admettront peut-être que les descriptions diverses qu'on en a faites n'offrent aucune certitude; mais leurs concessions n'iront pas plus loin. Confucius ne parle-t-il pas expressément du *K'i-lin* (麒 麟), espèce de Licorne, qui apparaît infailliblement lorsqu'un sage prince transforme son peuple par l'exemple de ses vertus? Le *Fong-hoang* (鳳 凰) ou Phénix, ne parut-il pas à la cour de *Hoang-ti* (黃 帝), pendant que ce vertueux monarque jeûnait pour se préparer au sacrifice? Il vint encore au temps de *Choen* rendre témoignage à la vertu de ce prince et à la beauté harmonieuse de sa musique. Et qui pourrait mettre en doute la réalité de cette merveilleuse Tortue (神龜) qui, sortant du fond de la rivière *Lo* (洛), vint apporter au grand *Yu,* en quelques traits d'une écriture mystérieuse, la révélation de tous les secrets de la nature. Sur ce point, le témoignage de Confucius est formel.

Le Dragon enfin, qu'on représente sous la forme d'un de ces monstrueux sauriens antédiluviens, que la science a récemment découverts dans les terrains anciens, est un être réel: l'histoire en fait foi. C'est un (黃 龍) dragon qui apporta à *Fou-hi* la table des symboles (八 卦). D'après le dictionnaire 說 文 (200 P. C.) l'espèce (龍) *Dragon* est la principale des 360 espèces diverses de reptiles à écailles : le *Long* peut à volonté se rendre visible ou disparaître. Au printemps, il monte dans les airs et, l'automne venu, il se cache dans les profondeurs des eaux. «Il peut, disait déjà *Koan-tse* 官 子 (7ᵉ s. A. C.), se réduire à la dimension d'un ver à soie, ou se gonfler de manière à remplir tout l'espace entre le Ciel et la Terre. S'il veut monter, il s'élève jusqu'aux nuages (凌 雲); s'il veut descendre, il pénètre jusqu'aux sources de l'abîme (伏 泉) (1).»

Avant de clore ce paragraphe, il nous faut répondre à une question, qui sera sans doute venue à l'esprit de plusieurs de nos lecteurs, en voyant les paroles étranges de Confucius sur cette importante matière. On ne saurait le nier, une part très lourde de responsabilité pèse ici sur la mémoire du premier maître de la nation chinoise. Qu'on relise avec attention les passages cités plus haut (ils contiennent le peu qu'il a dit au sujet des Esprits), et l'on sera forcé de conclure qu'il est vraiment difficile, sinon tout à fait impossible, d'excuser Confucius de la note de *matérialisme*. «En tout cas, suivant la judicieuse remarque de J. Legge (Chin. Classics. Vol. I, Proleg., p. 101), par sa manière de dire, il a conduit ses compatriotes à nier, comme les Sadducéens d'autrefois, l'existence de tout être spirituel, et à croire que les sacrifices aux morts ne sont qu'une formalité purement extérieure, une manière d'exprimer ce qu'exige d'eux le principe de la piété filiale mal compris et mal appliqué.»

---

(1) Cf. Mayer's Chinese Reader's Manual I P., n° 389, 134, 299, 451.

Le P. Zottoli (*Cursus litter. sin.*, Vol. III, p. 565). tire une conclusion pareille du passage du *Li-ki* (禮 記) dont nous avons donné plus haut la traduction : «Quod si ex his *materialistam* dicere velis Confucium. cui hæc communiter attribuuntur, pluribus interpretum explanationibus consonabis, et illi injuriam fortasse non facies : tam male enim tamque parce, in re tanti momenti. de industriâ est locutus, ut in suspicionem haud immerito venire possit, sin minus aperti erroris at certe perplexæ ambiguitatis nocentisque incuriæ ....» L'auteur termine sa note par ces mots, qui nous semblent de nature à exciter la vigilance et la paternelle sollicitude de tous ceux qui travaillent en ce pays à gagner des âmes au vrai Dieu. et à accroitre le nombre des *adorateurs en esprit et en vérité* : «Interim illud quisque videt, si hæc pueris discenda traduntur, *quanto præcauto opus sit, ne incautæ juventuti a flexiloquis magistris impuræ doctrinæ propinentur.*» Or, qu'on ne se fasse pas illusion, le poison de ces doctrines funestes n'est pas confiné à un passage ou deux seulement des Livres classiques ou canoniques ; les commentateurs l'ont fait pénétrer partout, comme le prouvent à l'évidence les citations nombreuses que nous en avons faites au cours de ce travail.

VIE ET MORT (生 死).

L'homme, comme tous les autres êtres. est formé d'une portion de la matière universelle (氣) animée par le principe *Li* (理). La seule différence est que la matière qui constitue l'homme est plus pure que celle des êtres inférieurs. Dès que l'union des deux composants est faite. l'homme existe (人 得 之 以 有 生). Au début de la vie, il n'y a que la forme extérieure (形 體, 質) avec l'âme grossière *P'é* 魄: c'est encore l'état de repos initial et d'inertie. Bientôt, sous l'action du principe intérieur, le mouvement commence; la partie supérieure ou plus subtile (陽) de l'âme (魂) se développe et prend le nom de *K'i* (氣) ou énergie vitale (1). *K'i*, ou *Hoen*, est dans l'homme le principe intelligent; *P'é*, ou *Ts'ing*, le principe de sensation (2). La vie est l'effet de l'union de *K'i* et de *Ts'ing*, et elle durera tant que ces deux principes demeureront unis ; leur séparation amènera la mort. L'une et l'autre de ces âmes peuvent

---

(1) 氣 之 清 者 爲 氣, 濁 者 爲 質.

(2) 氣 則 魂 也, 人 之 所 以 思 慮 知 識; 精 則 魄 也, 目 之 所 以 明, 耳 之 所 以 聰 (眞 德 修). Ainsi donc l'âme supérieure est désignée par le nom générique de la matière (氣); tandis que 精, qualificatif de la matière propre à l'homme, indique l'âme inférieure.

se développer. accroître leur vigueur. L'âme inférieure sera d'autant plus vigoureuse, que la substance corporelle (體) sera mieux nourrie. L'étude et la réflexion développeront aussi la capacité de l'âme supérieure, jusqu'à ce qu'enfin elle atteigne au plus haut point de lumière et de splendeur intellectuelle (神 明).

Cependant. viendra un temps où la quantité de matière que le destin a départie à chacun sera nécessairement épuisée : c'est l'heure fatale de la dissolution du composé, la mort. Au moment de la séparation, l'âme supérieure (魂氣). ou *l'air chaud,* monte dans l'es-pace (熱氣上出，所謂魂升) et s'en retourne au ciel, d'où elle était venue. Dès lors. la chaleur vitale quitte les membres par degrés insensibles : c'est l'âme inférieure (形魄) qui retourne à la terre, son lieu d'origine (1). «Voilà, conclut *Tchou Hi,* com-ment tout ce qui a vie doit nécessairement mourir. et ce qui a commencé doit avoir un terme.»

La substance pure. légère. subtile, que l'homme avait reçue du ciel, et qui constituait son âme intelligente (魂), il l'a rendue au ciel; la substance plus grossière et plus pesante. qui formait son corps et ses humeurs (魄), il l'a rendue à la terre, dont il l'avait reçue; il ne lui reste donc rien.

On voit par là quel sens les lettrés attachent au passage de leurs Annales (舜典) où la mort de l'Empereur Yao est exprimée par ces mots : Il *monta* et *descendit* (帝 乃 殂 落) (2); ou encore au passage du *Che-king* (詩 經), où l'on dit que le roi *Wen* (文 王) est au ciel *montant* et *descendant* aux côtés de *Chang-ti.* Tout ce qui reste de ce prince, c'est la portion de matière céleste qui for-mait naguère son âme vertueuse et qui. mélangée maintenant à la masse atmosphérique, s'en va errant au gré des vents. L'âme sépa-rée du corps est, à la lettre, une âme *errante* (遊 魂). ainsi que l'appelle le *I King* (易 經).

Pour prévenir une objection qu'on pourrait lui faire sur l'inu-tilité des sacrifices aux morts, *Tchou Hi* s'empresse d'ajouter que les éléments de l'âme humaine, qui à la mort est remontée au ciel, ne se dispersent pas aussitôt. mais conservent encore, pendant quelque temps, une union assez étroite. Ainsi les sacrifices que leurs descendants leur offrent sur la terre ont le pouvoir de les émouvoir et de les attirer, à cause de la communauté de leur sub-stance (氣) avec celle de leurs ancêtres. Mais, combien de temps durera cette union des éléments de l'âme, avant que la dispersion totale se fasse pour toujours? Personne ne le sait 不 可 知 (3).

---

(1) 人 所 以 生，精 氣 聚 也；人 只 有 許 多 氣，須 有 个 盡
時：盡. 則 魂 氣 歸 於 天，形 魄 歸 於 地，而 死 矣：人 將 死 時
熱 氣 上 出，所 謂 魂 升 也；下 體 漸 冷；所 謂 魄 降 也 (Tchou Hi·
(2) 殂 落，死 也；死 者 魂 氣 歸 於 天，故 曰 殂；體 魄 歸 於
地，故 曰 落 (舜 典, *Comment.*).
(3) 人 死 雖 終 歸 於 散，然 亦 未 便 散 盡；故 祭 祀 有 感

La mort naturelle est celle qui provient de l'épuisement graduel de la substance vitale, que chaque homme reçoit comme sa part de destin (命). S'il arrive que, dans la pleine vigueur du composé, un accident ou un acte de violence mette subitement un terme à la vie, le mort pourra revenir sous la forme d'un spectre effrayant (厲), qui tourmentera son ennemi nuit et jour, jusqu'à ce que justice lui ait été rendue, ou qu'il ne l'ait fait inscrire lui-même à son tour sur le registre des trépassés (登鬼錄). Alors seulement, satisfait de sa vengeance, il demeurera en paix (1).

On le voit, pour le lettré matérialiste, la mort n'est pas, comme pour le chrétien, ou même le Bouddhiste, le passage à une autre existence, qu'il aura faite par ses libres actions heureuse ou malheureuse. Pendant sa vie, si du moins elle a été conforme aux principes de la secte, jamais l'idée d'une sanction posthume n'est venue l'exciter au bien ou le détourner du mal. Il ne s'est occupé que du présent. Il a pris du temps ce qu'il lui fallait pour la vie présente; de la science et des lettres, ce qu'il lui fallait pour arriver aux honneurs, à l'abondance des biens de la fortune, et en jouir en paix. Il s'est peut-être efforcé de fixer ici-bas le souvenir de son nom dans une œuvre littéraire quelconque ou une institution philanthropique. Un de ses plus pressants désirs a été, sans doute, de laisser après lui un descendant qui puisse offrir à ses Mânes les sacrifices funèbres, suivant les anciens rites, qu'il a lui-même observés à l'égard de ses ancêtres.

Puis, le moment de la grande séparation arrive (2). Quoi qu'il fasse pour en détourner sa pensée, évitant même d'en prononcer le nom, la cruelle mort annonce son approche. Il faut partir; c'est l'ordre inexorable du destin (3) : le sage doit l'accepter avec calme (安於命), puisqu'il n'y peut rien changer. Il meurt donc sans qu'une lueur d'espérance vienne éclairer ses derniers instants. Tout son être aura bientôt perdu, avec le souffle de vie, son individualité, et ne sera plus, comme avant les jours de son

---

格 之 理；先 祖 世 次 遠 者，氣 之 有 無 不 可 知；然 奉 祭 祀
者 旣 是 他 子 孫，畢 竟 只 是 一 氣，所 以 有 感 通 之 理；然
巳 散 者 不 復 聚 (Œuvres, 1. 51).

(1) 其 人 氣 未 當 盡 而 强 死，自 是 能 爲 厲；子 産 爲 之 (i. e.
伯 有, Cf. 左 傳) 立 後，使 有 所 歸，遂 不 爲 厲.
L'expression 寃 魂 不 息 ou 寃 魂 不 散 signifie que l'âme d'un mort réclame encore vengeance d'une injustice dont elle a été victime.

(2) Dans le *Len-yu* (ch. III, 2 p., 8.) on raconte que *Pé nieou* (伯 牛), un de ses disciples, se mourait; Confucius alla le voir. Par la fenêtre, il lui prit la main et lui fit ses adieux pour toujours (與 之 永 訣 也).

(3) 死 生 有 命 ·········· Comment.: 命 禀 於 有 生 之 初，非
今 所 能 移；天 莫 之 爲 而 爲，非 我 所 能 必；但 當 順 受 而
巳 (*Len-yu*, ch. VI, 2 p., 5).

éphémère existence, qu'un atome imperceptible, indistinct au milieu du Grand Vide sans limites.

Ajoutons que nulle part on ne trouve dans les Livres chinois réputés orthodoxes la notion de l'immortalité, dans le sens d'une existence réelle et personnelle, continuée au-delà du tombeau. Le letttré borne donc tous ses vœux à se perpétuer dans le souvenir de ses semblables, en faisant parler de lui après sa mort. C'est là quelque chose de purement extrinsèque, sans doute; mais, telle est la répugnance naturelle de l'homme pour le néant, qu'il s'attache à tout prix à l'ombre même de l'immortalité : *Non totus moriar!*

IIIᵉ PARTIE.

TRADUCTION DE LA SECTION 49ᵉ DES ŒUVRES DE TCHOU HI

D'APRÈS L'ÉDITION IMPÉRIALE (御纂朱子全書, 23ᵉ VOL.).

CHAPITRE I.

FORME ET MATIÈRE : VUE D'ENSEMBLE (理氣總論).

CHAPITRE II.

GRAND EXTRÊME (太極).

CHAPITRE III.

CIEL ET TERRE (天地).

11

CHAPITRE I.

FORME ET MATIÈRE *(LI KI)*

VUE D'ENSEMBLE.

1. Dans l'univers, il n'y a ni *K'i* (matière) sans *Li* (forme), ni *Li* sans *K'i* (Ils sont inséparables).

2. *Li,* existant d'abord, produit le *K'i;* c'est ce que l'on déduit de ce passage du *I King* : 一 陰 一 陽 之 謂 道 un *Yn* et un *Yang* (c. à. d. le *K'i*) s'appelle *Tao* (c. à. d. devient *Tao* ou *Li* en lui servant de réceptacle, et le composé prend le nom de l'élément le plus noble). Ce *Sing* (i. e. cette Nature, ce composé de *Li* et de *K'i*) possède nécessairement *Jen* et *I* (Bienveillance et Justice).

3. Dès que le *Li* du Ciel existe, sûrement le *K'i* existe aussi. Le *K'i* (matière), en s'agglomérant, forme la substance corporelle et, dès lors, la Nature (*Sing*) est entière, parfaite.

4. *Question :* Lequel des deux éléments a la priorité (de temps), *Li* ou *K'i?* — *Réponse* : Jamais *Li* n'est séparé de *K'i;* cependant,

御纂朱子全書卷四十九

理氣

總論

1. 天下未有無理之氣、亦未有無氣之理。

2. 有是理、後生是氣。自一陰一陽之謂道推來。此性自有仁義。

3. 先有箇天理了、却有氣。氣積爲質、而性具焉。

4. 問先有理、抑先有氣。曰、理

puisque *Li* est imperceptible et *K'i* corporel, au point de vue
de la dignité, n'y a-t-il pas entre eux quelque priorité et postériorité? *Li* est incorporel (c. à. d. ne tombe pas directement et par
lui-même sous nos sens), tandis que *K'i* est grossier et contient
des impuretés.

5. On ne peut pas dire qu'il y ait proprement entre *Li* et *K'i*
priorité ou postériorité (de temps); mais, si l'on considère leur
origine. il faut dire que *Li* a la priorité. Toutefois, *Li* n'est pas une
substance séparée, il existe (nécessairement) dans *K'i* (la matière).
Supprimez *K'i, Li* n'aura plus de point d'appui. *K'i* se compose
des éléments Métal, Bois. Eau et Feu ; *Li* contient la Bonté la
Justice, les Rites. la Prudence.

6. Interrogé sur les relations de *Li* et de *K'i*, le maître
répondit : *(Tch'eng, 程) I-tch'oan* a parfaitement exprimé la chose,
quand il a dit : «*Li* est un, mais ses fonctions sont diverses.»
Prenez ensemble le ciel, la terre et les êtres sans nombre ; ils ne
font qu'un seul *Li*. Quant aux hommes. chacun d'eux a le principe formel (*Li,* individualisé dans la matière qui lui est propre).

7. Dès que *Li* existe, *K'i* existe également ; cependant *Li*
est (comme) la racine. Parlons donc d'abord de *Li*. On dit, par

7	6	5
有是理、便有是氣。但理是本、而今且從理	問理與氣。曰、伊川說得好。曰、理一分殊。合	理
又各自有一箇理。	天地萬物而言、只是一個理。及在人、則	氣本無先後之可言。然必欲推其所從
	義禮智。	來、則須說先有是理。然理又非別為一
	無掛搭處。氣則為金木水火、理則為仁	物、即存乎是氣之中。無是氣則是理亦
		便粗有渣滓。
		者。自形而上下言、豈無先後、理無形、氣
		未嘗離乎氣。然理形而上者、氣形而下

exemple : Le *T'ai-ki* (Grand Extrême) en mouvement produisit *Yang* (la matière plus parfaite); quand il eut épuisé sa force de mouvement, il s'arrêta, et cet arrêt produisit *Yn* (la matière imparfaite); mais, avant le mouvement, n'y eut-il pas repos? Lorsque maître *Tch'eng* nous dit : «Le mouvement et le repos n'ont pas de commencement», il prend *le mouvement* lui-même comme point de départ; mais, c'est comme s'il disait : «Avant le mouvement il y eut repos et, avant le repos, mouvement». Dans la phrase du *I King* : «Une révolution de *Yn* et de *Yang* s'appelle *Tao; ce qui en pr(écède est bon, ou le Bien»*, le mot *ki* (procéder) indique le commencement du mouvement. S'il y avait seulement ouverture et fermeture (de l'univers), sans point de jonction (entre les révolutions sans fin), la fermeture amènerait l'annihilation de toutes choses.

Autre question : Ce point de jonction *(hi)*, réside-t-il dans l'intervalle du mouvement et du repos? — *Réponse* : C'est la fin du repos et le principe du mouvement. Prenez comme exemple les quatre saisons. Quand l'hiver est venu, tous les êtres retournent à leur état de repos ; et, s'il n'y avait plus d'activité vitale, l'année suivante tout serait fini. Mais *Tcheng* produit (ramène) *Yuen*, et ainsi de suite éternellement.

上說。如云、太極動而生陽、動極而

靜、靜而生陰。不成動已前便無靜。

子曰、動靜無端。蓋此亦是、且自那動以

處說起。若論著動以前又有靜。

前又有動。如云、一陰一陽之謂道、繼

之者善也。這繼字便是動之端。若只

一開一闔而無繼、便是闔殺了。又問、

繼是動靜之間否。曰、是靜之終、動之

始也。且如四時。到得冬月、萬物都歸

窠了。若不生來、年便多息了。蓋是貞

復生元、無窮如此。

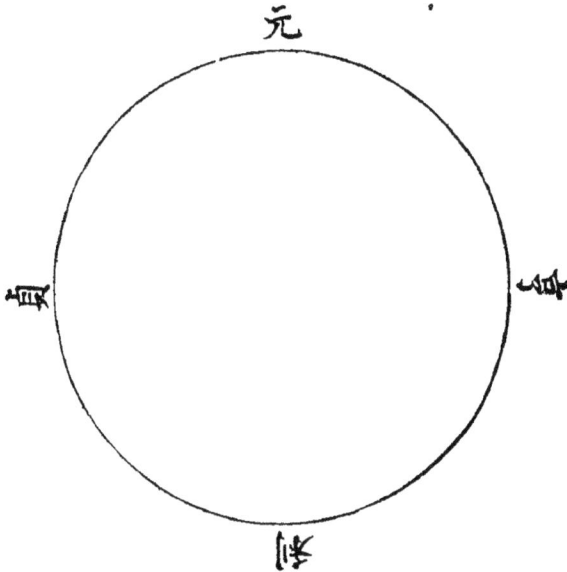

8. A propos de ce mot: «Dès que *Li* existe, *K'i* aussi existe». quelqu'un demanda: «Où était ce *Li* de l'homme avant que l'homme ne fût?» Le maître répondit qu'il était au même endroit. C'est comme la masse d'eau de la mer; prenez-en une cuillerée, deux seaux, ou un bol, c'est toujours la même eau de mer. Cependant *Li* est comme le maître de maison qui reçoit et demeure; moi, je ne suis que l'hôte qui passe. Il est éternel, tandis que moi je ne le reçois que pour un temps.

9. *Q.* Par quel effet *Li* manifeste-t-il sa présence dans *K'i?* *Rép.*: Par exemple, si le *Yn,* le *Yang* et les cinq Eléments ne se mélangent jamais dans un désordre irrémédiable, c'est l'effet de *Li.*

9

8

問
理在氣中、發見處如
何。曰、如陰陽五行、錯
綜不失條緒、便是理。

他爲主我爲客。他較
長久、我得之不久耳。

椀、都是這海水。但是
取得一擔、或取得一
海水。或取得一杓、或
曰、也只在這裡。如一
未有人時、此理何在。
問有是理、而後有是氣。

Si la matière *(K'i)* ne s'agglomérait pas, le principe *Li* manquerait de point d'appui.

10. Interrogé de nouveau sur ce qu'il a dit précédemment que «*Li* est d'abord, et puis *K'i*», le maître répond : Inutile, d'exprimer la chose ainsi. Quant à savoir à présent si *Li* existe d'abord et ensuite *K'i*, ou bien *K'i* d'abord et *Li* après, c'est ce que nous ne pouvons pénétrer parfaitement. Si pourtant une conjecture m'est permise, il me semble que l'activité de *K'i* dépend absolument de *Li*; et dès que *K'i* s'agglomère, *Li* y est présent. *K'i* peut, en se condensant, former des êtres; *Li* est sans volonté, sans dessein, il ne forme rien; mais partout où *K'i* s'accumule, *Li* se trouve au milieu. Et maintenant, tout ce qui existe entre le ciel et la terre, l'homme, les plantes, les arbres, les oiseaux et les quadrupèdes, tout sans exception provient d'une semence, et l'on ne connait pas un seul être né sans semence; lors donc qu'un être quelconque nait spontanément, c'est un effet de *K'i*. Quant à *Li*, c'est un monde pur, vide et vaste sans limite, n'ayant aucune partie que nos sens puissent percevoir; il ne saurait évidemment rien former. *K'i*, au contraire, peut produire les êtres par la fermentation et la condensation.

10

問先有理後有氣之說。曰、不消如此說。而今知得他合下是先有理後有氣耶、後有理、先有氣耶、皆不可得而推究。然以意度之、則疑此氣是依傍這理行。及此氣之聚、則理亦在焉。蓋氣則能凝結造作。理却無情意、無計度、無造作。只此氣凝聚處、理便在其中。且如天地間人物、草木、禽獸。其生也莫不有種。定不會無種了。白地生出一個物事、這個都是氣。若理、則只是個潔淨空闊底世界、無形迹。他却不會造作。氣則醞釀凝聚生物也。

若氣不結聚時、理亦無所附著。

11. *Objection*. Vous dites : «*Li* d'abord, *K'i* ensuite»; mais, il semble qu'on ne peut attribuer à aucun des deux principes priorité ou postériorité. — *Réponse* : J'accorde une certaine priorité à *Li;* mais, gardez-vous de dire : «aujourd'hui *Li* existe (tout seul), et demain *K'i* existera.» Cependant il y a sûrement priorité et postériorité (i.e. de dignité).

12. *Q*. Avant qu'il y eût ciel et terre, certainement *Li* était déjà; comment cela? — *Réponse* : Oui, avant le ciel et la terre, *Li* existait. *Li* existant, alors seulement le ciel et la terre purent exister. Sans *Li,* le ciel et la terre ne seraient pas, ni l'homme, ni les autres êtres; tout manquerait de soutien, de point d'appui. *Li* existant, aussitôt le *K'i* existe, se met en mouvement, produit, engendre et entretient tous les êtres. — *Question* : Est-ce *Li* qui engendre et entretient? — *Réponse* : *Li* existe, et conséquemment *K'i* se meut, pénètre, engendre et nourrit (toutes choses); *Li* n'a pas de substance sensible. — Le nom de substance *(T'i* 體, appliqué à *Li),* est-ce une expression forcée, impropre? — Certainement. — *Li* est-il infini et *K'i* fini ? — Quant à des limites, comment en peut-on assigner (à l'un ou à l'autre principe)?

13. Quelqu'un ayant demandé si *Li* était premier (dans le temps) et *K'i* postérieur, le maître répondit : On ne peut pas dire

---

13

或
問
理
在
先
氣
在
後。
曰、
理
與
氣
本
無
先

將
那
處
做
極。

曰、
是。
曰、
理
無
形
體。
曰、
所
謂
體
者、
是
強
名
否。

育。
理
無
形
體。
曰、
所

有
之
否。
曰、
有
此
理。
便
有
此
氣、
流
行
發
育

有
氣
流
行
發
育
萬
物。
曰、
是
理
流
行
發

天
地、
無
人
無
物、
都
無
該
載
了。
有
理
便

12

問

此
理、
便
有
此
天
地。
若
無
此
理、
便
亦
無

曰、
未
有
天
地
之
先、
畢
竟
是
先
有
理。

未
有
天
地
之
先、
畢
竟
也
只
是
理。

是
理
明
日
却
有
是
氣
也
須
有
先
後。

要
之
也
先
有
理。
只
不
可
說
是
今
日
有

11

問

有
是
理
便
有
是
氣。
似
不
可
分
先
後。
曰、

que *Li* et *K'i* aient entre eux priorité ou postériorité de temps : mais, quand on remonte par la pensée à l'origine des choses, on s'imagine que *Li* existe le premier et *K'i* en second lieu.

14. *K'o-hi* posa cette question : Après que le Grand Formateur a disposé toutes choses, un être, qui s'en va, cesse-t-il à jamais, ou bien revient-il à l'existence ? — *Réponse:* Une fois passé, c'en est fait de lui pour toujours ; et, en effet, comment *K'i* (la matière) une fois dispersé pourrait-il se réunir de nouveau ?

15. Questionné sur l'expansion et la contraction de *K'i*, le maître dit : Prenons, par exemple, de l'eau, que nous faisons bouillir dans une marmite : lorsque l'eau s'est évaporée, l'eau de la source viendra tout comme auparavant, sans attendre que l'eau évaporée lui soit restituée.

16. Il est dit dans les Classiques : «*Chang-ti* infuse au peuple une nature vertueuse»; «le Ciel donnera des charges importantes aux plus méritants»; «le Ciel vient en aide au peuple, et lui suscite de sages princes»; «le Ciel produit les êtres et les traite suivant leur capacité : aux bons il envoie des félicités innombrables, et aux méchants des calamités sans nombre»; «quand le Ciel est sur le point d'envoyer au monde quelque malheur extraordinaire, il lui envoie d'abord un homme extraordinaire qui le prévoit.» On demande si ces passages et autres sembla-

16	15	14
問	問	可
常將篤。天上將水氣耳。還可先後 之降作祐已餼之豈有機氣之 人非善民、乾。乾。伸有去間在可 以常降作那之屈。散而大後言。 擬之百之泉水曰。而復鈞相但 之。禍祥、君、水去譬復來播似。推 凡於作天依做如聚還物、土 此此不生前他。將之是還去 等世、善物、又水氣。一是時、 類、必降因來。放一一却 是預百其不鍋去去如 蒼出殃。才到裡便便理 蒼非天而得煮。休、休、在		

bles signifient qu'il existe réellement là-haut dans l'azur un être qui gouverne ainsi en maître; ou bien si le Ciel étant dénué de sensation et de connaissance, ce n'est qu'en vertu de *Li* que tout se passe de la sorte. — *Réponse :* Ces passages n'ont tous qu'un même sens; c'est simplement *Li* qui agit ainsi. *K'i*, dans ses révolutions éternelles, a toujours eu des périodes successives de perfection et de déclin, de déclin et de perfection, roulant ainsi dans un cercle sans fin. Jamais il n'y eut déclin qui ne fût suivi de perfection.

17. Quand un homme expire, son estomac se détend; quand il aspire, son estomac se contracte. Pour ce qui regarde l'expiration et la détente de l'estomac, l'inspiration et la contraction de l'estomac, c'est un phénomène constant. Or, puisqu'il en est ainsi, au moment de l'expiration, lorsque cette bouchée de souffle sort, une autre portion égale se produit aussitôt, et c'est pourquoi l'estomac se détend. Au moment de l'inspiration, ce souffle, qui est en moi, est à son tour rejeté de l'intérieur: voilà pourquoi l'estomac se contracte. *Lao-tse* dit quelque part que «l'espace entre le Ciel et la Terre ressemble à un *T'ouo-yo* qui, mis en mouvement, n'est jamais épuisé; vidé, en a encore plus à rejeter.» Or, le *T'ouo-yo* n'est autre que notre soufflet moderne.

17

人

在上者、眞有主宰如是耶。抑天無心、

只是推原其理如此。曰、此三段只一

意。這個也只是理如此。氣運從來一

盛了又一衰、一衰了又一盛。只管恁

他循環去。無有衰而不盛者。

呼氣時腹却脹、吹氣時腹却厭。論來

呼而腹厭、吸而腹脹、乃是。今若此者、

蓋呼氣時、此一口氣雖出、其所生之

復生。故其腹脹。及吸氣時、其所生之

氣又從裡趲出。故其腹却厭。老子曰、

天地之間。其猶槖籥乎、動而不屈、虛

而愈出。槖籥只是今之鞴扇耳。

18. *Li* n'agit qu'en s'unissant à *K'i*.

19. Le Printemps, l'Été, l'Automne, l'Hiver sont le *K'i; Yuen, Heng, Li et Tcheng* en sont les actes (l'énergie), lesquels, dans l'homme, se nomment Bonté, Droiture, Rites et Sagesse. *Li* possède ces quatre actes *Yuen, Heng, Li et Tcheng;* et *K'i* les possède également; car *Li* est au centre de *K'i*, ces ceux principes n'étant jamais séparés.

20. Interrogé sur la relation qu'il y a entre *Li* et le Nombre, le maître répond : De même que de *Li* suit nécessairement l'existence de *K'i*, de même de *K'i* suit l'existence du Nombre; le Nombre, en effet, n'est que la distinction des objets par délimitation.

21. Mon corps est comme une enveloppe dure, à l'intérieur et à l'extérieur de laquelle il n'y a rien autre chose que le *K'i* (avec ses deux modes *Yn* et *Yang)* du Ciel et de la Terre. C'est comme un poisson dans l'eau : l'eau qui l'entoure au-dehors est de même nature que l'eau qu'il avale: et l'eau qui est dans l'estomac d'un cétacé est de même nature que celle qui remplit l'estomac d'une carpe.

22. *K'i* en s'agglomérant produit une forme sensible. Quand *Li* s'unit à *K'i*, le composé a le pouvoir de comprendre et de sentir; comme lorsque l'on verse de la graisse sur le feu, il se produit aussitôt une grande flamme brillante. Or, ce qui donne

22	21	20	19	18
氣聚成形理與氣合便能知覺如	肚裡水只一般。 此是肚裡水。鰌魚肚裡水、與鯉魚	陰陽之氣。如魚在水。外面水、便	此身只是個軀殼內外無非天地	限處。 是氣、便有是數。蓋數乃是分界	問理與數。曰、有是理、便有是氣、有	相離、 有四段。理便在氣中。兩個不曾	亨利貞、理也只有四段氣也只	以氣言、則春夏秋冬。以德言、則元 亨利貞理也在人則爲仁義禮智。元	理搭於氣而行。

le pouvoir de sentir (le principe formel de la sensation), c'est le principe *Li* de l'âme; mais, dans la partie la plus subtile de *K'i*
(matière) réside la faculté de sentir.

23. Ce qui fait que l'homme est homme, c'est que son principe actif *Li* est le *Li* du Ciel et de la Terre, et son principe
matériel *K'i* est le *K'i* du Ciel et de la Terre. *Li* n'a aucun
vestige sensible, il est invisible; c'est donc par *K'i* qu'on découvre sa présence. — [Les 23 paragraphes qui précèdent sont
extraits du 語 類].

24. Entre le Ciel et la Terre (i. e. dans l'univers), il y a
seulement *Li* et *K'i*, rien de plus. *Li*, principe supérieur à la
forme, impalpable, imperceptible, (mais dépendant de la matière
dans son existence), est la source qui donne naissance à tous les
êtres: *K'i*, instrument matériel et sensible, est l'élément qui reçoit la vie. Par conséquent, l'homme et toutes les choses, au
moment de leur production, doivent recevoir ce *Li* et, dès lors,
ils ont leur nature propre; ils doivent aussi recevoir le *K'i*, ce qui
leur donne leur forme extérieure et sensible. [*Réponse du philosophe à Hoang Tao-fou*].

25. *Li* et *K'i* sont certainement deux êtres distincts; cependant, si on les considère dans un objet quelconque, les deux
apparaissent comme un tout, si parfaitement unis, qu'on ne saurait
les séparer, les mettre chacun dans une place différente; ce qui

25	24	23

所謂理與氣、決是二物。但在物上看、
則二物渾淪、不可分開各在一處。
氣然後有形。答黃道夫
之生、必禀此理然後有性。必禀此
下之器也。生物之具也。是以人物
之道也、生物之本也。氣也者形而
天地之間、有理有氣。理也者形而上
於氣觀之。以上語類二十三條
氣則天地之氣。理無迹不可見、故
人之所以爲人。其理則天地之理、其
者、心之理也。能覺者、氣之靈也。
火得脂膏。便有許多光燄。蓋所覺

n'empêche pas que ces deux êtres ne soient tout à fait distincts
l'un de l'autre. Considérons maintenant le principe *Li*. Avant
qu'un être existe, le *Li* de cet être futur existe déjà (non encore
individualisé); mais *Li* seul existe, car cet être lui-même n'a pas
encore d'existence réelle. Dans ce genre d'étude, il faut exami-
ner tout avec distinction et clarté, en comparant le commencement
avec la fin; ainsi on évitera toute erreur. [*Réponse à Lieou
Chou-wen*].

26. *Li* vient en premier lieu. et puis *K'i*; dans ce *K'i*, *Li*
trouve un point d'appui. Depuis les plus grandes, comme le
Ciel et la Terre, jusqu'aux plus petites, comme la fourmi, toutes
les choses sont produites d'après cet ordre. Et pourquoi pen-
serions-nous que, pour exister, le ciel et la terre n'ont eu besoin
de rien recevoir de ces mêmes principes constitutifs? Quant à
Li, on ne saurait traiter de son existence ou non-existence; car.
avant que le Ciel et la Terre ne fussent, il était déjà tel qu'il est
à présent. [*Réponse à Yang Tche-jen*].

27. *Question*. Dans le monde entier, il n'y a que *Li* et *K'i*.
Li est immuable, tandis que *K'i* est sujet au changement. Il est
dit dans le *Tchong-yong* que «la grande vertu obtient nécessaire-

———————— ————————

27 26

問　　　　　　　有
不　天　楊　論　付　生　理　此　終。大　亦　上　然
常　地　志　未　受　皆　有　理　方　凡　但　看　不
定。之　仁　有　耶。是　安　後、是　看　有　則　害
中　間、　　天　要　如　頓　方　不　此　其　雖　二
庸　有　　　地　之　此。處。有　錯。等　理　未　物
曰、理　　　之　理　又　大　此　答　處。而　有　之
大　有　　　時、之　何　而　氣。劉　須　已、物　各
德　氣。　　便　一　慮　天　既　叔　認　未　而　爲
必　理　　　已　字　天　地　有　文　得　嘗　已　一
得　常　　　如　不　地　細　此　　　分　實　有　物
其　不　　　此　可　之　而　氣、　　明。有　物　也。
名、移、　　了　以　生、螻　然　　　又　是　之　若
必　而　　　也。有　無　蟻　後　　　兼　物　理。在
得　氣　　　答　無　所　其　此　　　始　也。然　理

ment la réputation, l'honneur et la longévité qui lui sont dús. »
Et en vérité il doit en être ainsi. Cependant maître K'ong n'obtint
aucune dignité, Yen-tse mourut jeune, et bien des pauvres lettrés,
certes, sont morts dans un âge avancé, sans que leur renommée
eût pénétré au loin. Ces effets ne proviennent-ils pas de K'i? D'où
l'on voit que le Sage, dans le Tchong-yong, parle du cours
ordinaire des choses, et non de ce qui en est une déviation. Voici
donc là-dessus mon humble conjecture : comme actuellement
Li est impuissant à exercer sur K'i son influence entière, ces
lois de félicité pour les bons et de malheur pour les méchants
restent, la plupart du temps, sans effet. Mais est-il possible que
telle soit la loi constante, immuable du Ciel et de la Terre? A
mon avis, bien que K'i soit par lui-même sujet au changement,
dans son changement, toutefois, il subit aussi l'influence du siècle
(i.e. de la vertu ou des vices des hommes). Ainsi, au temps de
Yao, Choen et Yu, parce que des Sages étaient au pouvoir, l'Empire était gouverné dans la tranquillité ; la paix attirait la paix,
et par suite aussi K'i, étant pur et droit, obéissait à l'influence
de Li. Mais, aux époques troublées du Tch'oen-ts'ieou et des
Royaumes belligérants, ce n'étaient plus que supplices, exécutions
capitales et cruelle oppression: alors K'i se vicia sous l'influence
des temps, et Li ne fut plus capable de le dominer. N'y aurait-
il donc pas en tout ceci quelque relation avec les actions des

而理反不能勝。此處亦當關於人
之時，刑殺慘酷則氣亦隨之而變，
氣亦醇正而隨於理。如春秋戰國
聖人在上天下平治以和召和則
雖不同，然亦隨世而異。堯舜禹以
常多。何以為天地之常經。意謂氣
以勝氣則凡福禍淫之說不驗
然竊疑理先而氣後。今理既不足
耶。故君子道其常而不道其非常。
老死而名不著者。豈非氣使之然
子無位顔子夭死蓬蓽之士，固有
其位，必得其壽。理固當如此。然孔

hommes? — *Réponse*: J'ai déjà répondu à une question semblable dans une précédente dissertation sur la Nature et le Destin. Bien que les impressions (provenant des relations extérieures) soient diverses, il est vrai aussi que le *K'i* primordial s'est vicié, appauvri. [*Réponse à Tcheng Tse-chang*].

28. *Li* existant, *K'i* existe aussi. Ce *K'i* est essentiellement double; voilà pourquoi le *I King* dit : *T'ai-ki* engendra les deux *I* (modes); et là-dessus, *Lao-tse* dit aussi que *Tao* engendra d'abord un (l'unité ou la monade) et puis un engendra deux. Mais il n'a pas su pénétrer à fond la doctrine de *Li*. [*Réponse à Tch'eng K'o-hieou*].

29. Si nous considérons la source unique de toutes choses, il conste que *Li* leur est commun à toutes, tandis que *K'i* est distinct (en chacune). Quant aux substances si variées de tous les êtres, il faut dire que par l'élément matériel *K'i* ils se rapprochent; mais *Li* est en eux très différent. La différence de l'élément matériel *K'i* consiste dans son plus ou moins de pureté; la différence de *Li* dépend du degré de liberté d'action que lui laisse le *K'i*. Puisque nous avons été assez heureux pour élucider ce point, aucun doute ne nous est désormais permis là-dessus. [*Réponse à Hoang Chang-pé*].

　　29　　　　　　　　28

論　　　　　　　　有
萬　　　　　　　　是
物　　　　　　　　理、
之　亦　先　易　即　耳。
一　不　生　曰、有　答
原、精　一、太　是　鄭
則　矣。而　極　氣。子
理　答　後　生　氣　上
同　程　一　兩　則
而　可　乃　儀。無
氣　久　生　而　不
異。　　二。老　兩
觀　　　則　于　者。
萬　　　其　乃　故

物　同　異　之　事
之　也。者、矣。否。
異　氣　偏　雖　曰、
體、之　全　是　此
則　異　之　所　於
氣　者、成　感　前
猶　粹　異。不　段
相　駁　幸　同。論
近　之　更　亦　性
而　不　詳　是　命
理　齊。之、元　處
絕　理　自　氣　已
不　之　當　薄　言

無
可
疑
也。
答
黃
尚
伯

30. En quelque lieu que *K'i* s'agglomère, *Li* y est aussi; mais *Li* est toujours *le maître* : c'est ce qu'exprime son nom de *Miao-ho,* merveilleux unificateur. [*Réponse à Wang Tse-ho*].

31. Quant au doute relativement à l'imperfection de *Li* et de *K'i,* je dis que s'il s'agit de la source originelle, *Li* fut d'abord, ensuite *K'i;* donc, quant à *Li,* il ne saurait être question d'imperfection ou de plénitude. S'il s'agit de l'infusion dans les êtres (de ces deux principes), alors il faut dire que *K'i* une fois aggloméré, aussitôt *Li* vient et l'informe. Ici donc *Li* est postérieur à *K'i.* Là où *K'i* ne s'est pas aggloméré, *Li* n'existe pas encore (individualisé). La qualité de l'un des éléments est en proportion avec la perfection de l'autre. Ne peut-on donc pas leur attribuer à tous deux imperfection et plénitude relative? [*Réponse à Tch'ao Tche-tao*].

32. On ne peut pas attribuer (directement, immédiatement) à *Li* perfection ou imperfection, libre communication ou obstruction. Mais, puisque le *K'i* (la matière) donné aux êtres n'est pas en tous de même qualité, il s'ensuit que, en raison de l'imperfection de *K'i, Li* aussi s'obtient imparfait; si *K'i* est obstrué (étant plus ou moins grossier), il se trouvera nécessairement aussi plus ou moins privé de l'action de *Li.* Or, dans l'homme lui-même, *Li* ne saurait être sans quelque imperfection et obstruction.

30

氣之所聚、理即在焉。然理終爲主。答王子合也。

31

所疑理氣之偏。若論本原、即有理然後有氣。故理不可以偏全論。若論稟賦、則有是氣而後理隨、無是氣則無是理。是氣多、則是理多。是氣少、即是理少。又豈不可以偏全論耶。答趙致道

32

理固不可以偏正通塞言。然氣稟既殊、則氣之偏者、便只得理之偏。氣之塞者、便自與理相隔。是理之在人、亦不能無偏塞也。橫

Hong-k'iu dit : «La lumière que nous recevons peut varier pour la quantité et l'éclat, suivant les sujets ; et pourtant c'est une seule et même lumière ; il n'y en a pas deux.» Cela est parfaitement dit. [*Réponse à Tou Jen-tchong*].

33. Nous avons expliqué que la matière reçue dans les êtres peut être imparfaite, mais la substance totale de *Li* n'a jamais de différence : c'est un point acquis. (*Tch'eng* 程) *Ming-tao* disait aussi : «Ce qui n'est pas susceptible d'être bourbeux n'est pas de l'eau.» C'est, en d'autres termes, la même idée. [*Réponse à Tou Jen-tchong*].

34. *Li* est pureté parfaite et suprême bonté : *K'i*, au contraire, est mélangé et sujet à l'imperfection. Au dedans est l'homme sage ; au dehors, l'homme amoindri. Tout ce qui sert à réprimer l'élément imparfait et à soutenir l'élément parfait de *K'i*, favorise l'action de *Li*. Si l'on répare sans cesse, si l'on aide et complète ce qui manque à *K'i*, qu'y trouvera-t on bientôt de défectueux ? [*Réponse à quelqu'un*].

35. *Sing* (Nature) n'étant autre chose que *Li*, nous ne devons pas lui attribuer, comme à *K'i*, condensation et raréfaction. Lorsque nous disons que les esprits subtils (vitaux), l'âme *Hoen* (l'énergie du principe *Yang*) et *P'é* (l'énergie du principe *Yn*) sont doués d'intelligence et de sensation, nous exprimons par là

35

性
只
是
理、
不
可
以
聚
散
言。
所
謂
精
神、

或
人

魂
魄、
有
知
有
覺
者、
皆
氣
之
所
爲
也。

34

蓋
理
則
純
粹
至
善、
卽
氣
則
雜
糅
而

內
君
子、
外
小
人。
凡
所
以
抑
陰
而
扶

陽
者、
乃
順
乎
理。
以
裁
成
輔
相
而
濟

夫
氣
數
之
不
及
者
也。
又
何
病
乎。

答

33

所
論
氣
稟
有
偏、
而
理
之
統
體
未
嘗
有

異。
得
之。
明
道
又
謂
不
可
以
濁
者
不

爲
水。
亦
是
此
意
也。
答
杜
仁
仲

二。
其
說
甚
備,
答
杜
仁
仲

渠
論
受
光
有
大
小
昏
明、
而
照
納
不

des actes de *K'i*. Quand celui-ci se condense, ces effets se produisent; quand il se disperse (i.e. à la mort), ces effets ne sont
plus. Quant à *Li,* son existence ne dépend pas de la condensation ou de la dispersion de la matière; seulement supposé *Li*
existant, *K'i* nécessairement existe aussi, et si *K'i* se condense
quelque part, *Li* y aura son poste marqué. [*Réponse à Liao
Tse-hoei*].

36. *Li* est doué de mouvement et de repos, conséquemment
K'i se meut et se repose: supposez *Li* sans mouvement ni repos,
d'où *K'i* aurait-il son mouvement et son repos? Démontrons ceci
par une preuve évidente: *Jen* (Bienveillance), c'est le mouvement;
I (Droiture, Justice), c'est le repos; or, ces vertus en quoi dépen-
dent-elles de *K'i*, la matière? [*Réponse à Tcheng Tse-chang*].

Les treize paragraphes qui précèdent sont tirés du 文·集.

36

理

故聚則有、散則無。若理、
則初不為聚散而有無。
也。但有是理、則有是氣。
苟氣聚乎此、則其理亦
命乎此耳。答廖子晦
有動靜、故氣有動靜。若
理無動靜、則氣何自而
有動靜乎。且以目前論
之。仁便是動、義便是靜、
此又何關於氣乎。答鄭
子上 以上文集十三
條

CHAPITRE II.

GRAND EXTRÊME (*T'AI-KI*).

———— ⌇ ————

1. *T'ai-ki* est simplement *Li* (sous un autre nom).

2. *Question* : Si *T'ai-ki* n'est pas quelque chose qui existait à l'état chaotique avant la formation du ciel et de la terre, est-ce donc le nom générique de *Li* individualisé dans le ciel et la terre et chacun des êtres particuliers? — *Réponse* : *T'ai-ki* n'est autre que ce *Li* (actuel) du ciel, de la terre et de toutes choses. Quant au ciel et à la terre, ils ont en eux le *T'ai-ki*; chaque être possède aussi *T'ai-ki*. Avant le ciel et la terre, certainement *Li* existait. Et c'est lui qui, mettant la matière en mouvement, produisit *Yang;* c'est lui qui, en l'arrêtant, produisit *Yn.*

3. L'universalité des êtres, les quatre saisons et les cinq éléments proviennent de *T'ai-ki. T'ai-ki* s'identifie avec la matière

---

1　太極

太極只是一個理字。

2　問太極不是未有天地之先、有個渾成之物、是天地萬物之理總名否。曰、太極只是天地萬物之理。在天地言、則天地中有太極。在萬物言、則萬物中各有太極。未有天地之先、畢竟是先有此理。動而生陽、亦只是理。

3　萬物四時五行、只是從那太極中來。太極只是一個氣迤邐

universelle divisée obliquement en ses deux 'modes. La partie de la matière qui est en mouvement s'appelle *Yang;* la partie qui est en repos s'appelle *Yn.* Il se divise encore en cinq éléments et puis se répand pour devenir toutes choses.

4. *Question :* D'après votre explication de *T'ai-ki,* pourquoi y a-t-il d'abord mouvement, puis repos, d'abord acte. ensuite puissance (ou *inertie*), d'abord influence. puis cessation d'influence? *Réponse :* Quant à *Yn* et *Yang,* l'acte dépend de *Yang,* et la puissance de *Yn.* Néanmoins les périodes successives de mouvement et de repos, de *Yang* et *Yn* n'eurent jamais de commencement : on ne saurait donc distinguer entre eux respectivement priorité ou postériorité. Si nous parlons maintenant du point de départ, nous concevons certainement le mouvement d'abord, puis le repos, l'acte précédant la puissance. et l'influence la cessation d'influence ; et cependant. en réalité, avant la cessation d'influence, il y eut aussi influence (exercée); avant le repos. il y eut déjà mouvement. Auquel donc donnerons-nous la priorité sur l'autre? Nous ne pouvons pas parler du mouvement d'aujourd'hui et en faire le point de départ. sans mentionner le repos d'hier. Par exemple, si vous dites «expirer et aspirer» *(hou hi),* vous parler correctement; car on ne doit pas dire *(hi hou)* «aspirer et expirez ;» et pourtant, avant l'expiration il y a aspiration, comme avant l'aspiration il y eut déjà expiration.

4

問、

太極解、何以先動而後靜、先用而

後體、先感而後寂。曰、在陰陽言、則

用在陽、而體在陰。然動靜無端、陰

陽無始、不可分先後。今只就起處

言之、畢竟動前又是靜、用前又是

體、感前又是寂、陽前又是陰。而寂

前又是感、靜前又是動。將何者為

先後。不可只道今日動便為始、而

昨日靜更不說也。如鼻息、言呼吸、

則辭順、不可道呼吸。畢竟呼前又

是吸、吸前又是呼。

分做兩個氣裏面動底是陽、靜底

是陰。又分做五氣、又散為萬物。

5. *T'ai-ki* n'est pas un être à part; il constitue *Yn* et *Yang,* et il réside dans *Yn* et *Yang;* il constitue les cinq éléments, et réside en eux; il constitue toutes choses, et il réside en elles : c'est *Li,* et rien de plus; mais on l'appelle *T'ai-ki,* ou grand extrême, parce qu'il atteint tout jusqu'aux dernières limites.

6. S'il n'y avait pas de *T'ai-ki,* le ciel et la terre ne chavireraient-ils pas?

7. *T'ai-ki,* c'est *Li* même; ce qui reçoit mouvement et repos, c'est *K'i.* Lorsque *K'i* avance, *Li* avance aussi; tous deux sont toujours dans une mutuelle dépendance, et ne sont jamais séparés l'un de l'autre. Au commencement, avant qu'il y eût un seul être, *Li* était seul (avec la matière première); dès qu'il fut, il se mit en mouvement et produisit *Yang,* puis en s'arrêtant il produisit *Yn;* au point extrême du repos, il reprit son mouvement; au point extrême du mouvement, il revint au repos, tournant ainsi dans un cercle sans fin. *Li* étant véritablement sans limites. *K'i* participe également de son infinité. Depuis que le ciel et la terre ont été formés, ce principe actif *(Li),* qui réside en eux, leur imprime sans cesse leur mouvement gyratoire. Le jour a sa révolution diurne, le mois sa révolution mensuelle et l'année sa révolution annuelle; *Li* est toujours le moteur universel.

		7	6		5

太極非是別為一物。即陰陽而在陰陽，

太極即五行而在五行，即萬物而在萬物，

只是一個理而已。因其極至，故名曰

太極理也，動靜氣也。氣行、則理亦行。二

若無太極、便不翻了天地。

者常相依、而未嘗相離也。當初元無

一物、只有此理。有此理、便會動、動極

陽靜而生陰、靜極復動、動極復靜、循

環流轉。其實理無窮、氣亦與之無窮。

自有天地、便是這物事在這裡流轉。

一日有一日之運、一月有一月之運。

一歲有一歲之運。只是這個物事滾

將去。

8. Avant que *T'ai-ki* se mit en mouvement, c'était le règne de *Yn;* au centre de *Yn* et du repos se trouve nécessairement la racine de *Yang,* comme au centre de *Yang* et du mouvement est aussi la racine de *Yn.* Pourquoi le mouvement aboutit-il fatalement au repos? Parce qu'il a sa racine dans *Yn.* Pourquoi le repos arrive-t-il fatalement au mouvement? Parce qu'il a sa racine dans *Yang.*

9. Le mouvement et le repos que possède *T'ai-ki* ne sont que l'émanation de *T'ien-ming* (i. e. de *Li,* ainsi nommé en tant qu'il est communiqué aux êtres inférieurs par l'action immédiate du Ciel). Mais, objecte quelqu'un, comment le repos peut-il être un *efflux?*—Je réponds que c'est la succession régulière de mouvement et de repos qui constitue cet *efflux.* Par exemple, ne peut-on pas dire, en parlant du temps de l'automne et de l'hiver, le *cours* de l'automne et de l'hiver? Et si vous soutenez que le repos ne saurait avoir d'*efflux,* comment dit-on alors que «le repos *engendra, produisit Yn»?* Ce mot «engendrer» (appliqué au repos) résout parfaitement la question.

10. Depuis *T'ai-ki* jusqu'à la transformation et la production de tous les êtres, un principe universel embrasse tout. Ne dites donc pas : Ceci existe avant, et cela après. Il n'y a, en somme, qu'une *Grande Source originelle* où tout passe de la puissance à l'acte, de l'état atomique (imperceptible) à l'apparence distincte.

10

自

自太極至萬物化生、只是一個道理包括。非是先有此、而後有彼。但統是一個大原、由體而達用、從微而至著。

9

太極

太極之有動靜、是天命之流行也。或疑靜處如何流行。曰、惟是一動之一靜、是天命之流行。如秋冬之時、謂之不流行、可乎。若謂不能流行、何以謂之靜而生陰也。觀生之一字可見。

8

太極

太極未動之前、便是陰。陰靜之中、自有陽之根。陽動之中、又有陰之根。陽動之所以必靜者、根乎陰故也。靜之所以必動者、根乎陽

11. *Question:* Si tous les êtres participent de la substance du *Li* unique et en font leur propre substance, il s'en suit que chaque être possède en lui un *T'ai-ki;* d'après cela, *T'ai-ki* serait donc divisé en parties distinctes?—*Réponse:* Oui, originairement il n'y a qu'un seul *T'ai-ki;* mais, lorsque chaque être l'a reçu en lui, chaque être possède en lui le *T'ai-ki* tout entier. Par exemple, la lune au ciel est une; et lorsqu'elle répand sa lumière sur les fleuves et les lacs, on la voit partout, sans que pour cela on puisse dire que la lune soit divisée.

12. L'expression «*T'ai-ki se divisa*» signifie simplement que, par le moyen de *Yn* et *Yang* (les deux modes *parfait* et *imparfait* de la matière), il enveloppe et compénètre tous les êtres de l'univers.

13. Ce qui a fait désigner cet agent universel par le nom de *Ki* (極, Extrême), c'est le sens qu'a ce caractère dans l'expression *Tch'ou-ki* (樞極: gond, pivot, moteur) (1). Les sages l'appelèrent *T'ai-ki*, voulant montrer par là qu'il est la racine du ciel, de la terre et de toutes choses. *Tcheou-tse* les suit en cela; mais, en outre, il l'appelle encore *Ou-ki* (sans limite, infini), exprimant ainsi la merveille de cette nature incorporelle (m. à. m. sans son ni odeur).

	13	12		11

原太　　　問
之謂地聖極太可已。其極。太故一
妙之萬人極天謂及一而極萬理
也。無物謂下分月散太萬有物之
　極之之所開、分在極物分各實、
　者、根太以只也。江爾。各裂具而
　所也。極得是　湖、如有乎。一萬
　以周者、名、兩　則月禀曰、太物
　大子所蓋個　隨在受、本極。分
　無因以取陰　處天、又只如之
　聲之指樞陽、　而只自是此以
　無而夫極括　見。一各一説、爲
　臭又天之盡　　而全太則體、
　　　義。了

(1) On écrit plus ordinairement 樞 機, que W. Williams traduit par *the controling power, as the boiler in a steamer; the moving spirit, the guiding mind.*

14. *T'ai-ki* n'a pas de lieu déterminé, ni de forme sensible ; pas de place où il soit circonscrit. Si nous parlons de lui avant qu'il eût manifesté son action, alors, avant toute manifestation, assurément il n'y avait encore que repos. Le mouvement, le repos, le *Yn* et le *Yang,* sont des phénomènes sensibles. Or. le mouvement est le mouvement même de *T'ai-ki,* comme le repos en est le repos ; il produit l'un et l'autre, sans que pourtant le mouvement et le repos soient *T'ai-ki* lui-même. Voilà pourquoi *Tcheou-tse* l'a nommé *Ou-ki.* Avant toute manifestation, il ne pouvait s'appeler *T'ai-ki,* et cependant, dès lors il contenait déjà en lui le Plaisir, la Colère, la Tristesse et la Joie ; Plaisir et Joie dépendent de *Yang,* Colère et Tristesse dépendent de *Yn;* et avant l'émanation de ces quatre passions, leur raison d'être existait déjà. S'il était question d'elles après leur émanation, j'accorde que l'on puisse les appeler *T'ai-ki :* mais c'est une matière difficile à traiter ; ceci soit dit uniquement à titre d'essai, d'ébauche. Que chacun pour lui-même étudie cela avec soin.

15. Le mouvement n'est pas *T'ai-ki;* il n'en est que l'*acte :* de même le repos n'est pas *T'ai-ki;* il n'en est que la *puissance* ou l'inactivité.

15

動不是太極但動者太極之用耳。靜不
是太極但靜者太極之體耳。

形容。當自體認。

極、然終是難說。此皆只說得個髣髴

已具。若對己發言之、容或可謂之太

屬陽、怒哀屬陰。四者初未著、而其理

可謂之太極。然中含喜怒哀樂。喜樂

耳。故周子只以無極言之。未發固不

之動靜亦太極之靜。但動靜非太極

陰陽、皆只是形而下者。然動亦太極

以未發時言之、未發却只是靜。動靜

太極無方所、無形體、無地位可頓放。若

14

16. Quelqu'un l'interrogeant sur *T'ai-ki*, le maître répondit : *T'ai-ki* est le principe infiniment bon et très excellent. Tout homme a en lui un *T'ai-ki*, toute chose a également un *T'ai-ki*. Le *T'ai-ki* dont parle *Tcheou-tse* est l'énergie toute bonne et très excellente qui se manifeste dans le ciel, la terre et toutes choses.

17. Quand je parle de *T'ai-ki*, je n'en sépare pas *Yn et Yang*; quand je parle de *Sing* (Nature) je le tiens uni à *K'i*. Si *Yn et Yang* et *K'i* n'étaient avec eux, *T'ai-ki* et *Sing*, quel point d'appui auraient-ils? Mais si nous voulons les connaitre distinctement, nous ne pouvons pas ne pas traiter de chacun à part.

18. *Question* : Vous avez dit, Monsieur, en parlant de *T'ai-ki*, que possédant notre *Sing* (Nature) dès lors nous avons aussi *Yn*, *Yang* et les cinq éléments; qu'est-ce donc que *Sing?* — *Réponse :* Je pense que j'ai dit cela autrefois; mais à présent mes idées sont changées là-dessus. Le mot *Sing* (Nature) s'emploie pour *Li* en tant que nous le recevons du Ciel; quant à *T'ai-ki*, il faudrait l'appeler *Li*. On ne doit pas changer ces termes. Le *I King* dit : «Une révolution de *Yn* et de *Yang* s'appelle *Tao* (voie, course, évolution). *Tao* (ou *Li*), considéré en soi à l'instant de l'émanation, s'appelle *Chan* (Bonté sans mélange); en tant qu'il constitue l'être qui le reçoit, on l'appelle *Sing* (Nature).» Ce dernier mot exprime donc ce que le Ciel

---

18　　　　　17　　　　　16

18

問、先生說太極有、是性、則有陰陽五行。此說性是如何。曰、想是某舊說。近思量又不然。此性字爲稟於天者言。若太極只當說理。自是移易不得。易言一陰一陽之謂道。繼之者則謂之善、至於成之者方謂之性。此謂天所賦

17

才說太極、便帶著陰陽。才說性、便帶著氣。不帶著陰陽與氣、太極與性、那裡收附。然要得分明、又不可不折開說。

16

或問太極。曰、太極只是個極好至善底道理。人人有一太極、物物有一太極。周子所謂太極、是天地人物、萬善至好底表德。

confère à l'homme et à tous les êtres, ce que l'homme et tous les êtres reçoivent du Ciel.

19. J'ai dit autrefois que *T'ai-ki* semble cacher sa tête. Au temps du mouvement, il est *Yang;* au temps du repos, il devient *Yn.*

20. *T'ai-ki* est *Li* doué de mouvement et de repos. Il ne faut pas, dans *T'ai-ki,* distinguer le mouvement et le repos de l'inertie et de l'acte. Le repos, en effet, est l'inactivité de *T'ai-ki,* comme le mouvement en est l'acte. Par exemple, prenons un éventail; il n'y en a qu'un seul : remuez-le, il est en *acte;* déposez-le, il est en *puissance* (d'éventer). Qu'il soit déposé ou mis en mouvement, c'est toujours essentiellement le même éventail.

21. *Liang Wen-chou* disait : «Vous parlez de *T'ai-ki* comme joint au mouvement et au repos.» Non, répliqua le maître, je ne dis pas que *T'ai-ki* est joint au mouvement et au repos; je dis qu'il possède mouvement et repos. *T'ai-ki* existe encore après, comme il existait avant l'émanation du Plaisir, de la Colère, de la Tristesse, de la Douleur, de la Joie. C'est toujours le même *T'ai-ki* se répandant au moment de l'émanation, ou restant caché avant l'émanation.

	21		20	19

19. 於人物、人物所受於天者也。某嘗說太極是個藏頭底。動時屬陽、未動太極又屬陰了。

20. 太極自是涵動靜之理。却不可以動靜分體用。蓋靜即太極之體也、動即太極之用。譬如扇子、只是一個扇子、動搖便只是這是用也。放下便是體。才放下時、便只是這一個道理及搖動時、亦只是這一個道理。

21. 梁文叔云。太極兼動靜而言。曰、不是兼動靜、太極有動靜。喜怒哀樂未發、也有個太極。喜怒哀樂已發、也有個太極。只是一個太極流行於已發之際、斂藏於未發之時。

22. Interrogé sur *T'ai-ki*, il répondit : Avant toute manifestation au-dehors, c'était *Li* «*in actu primo*»; dès qu'il y a émanation, il y a *Tsing* (情). ou acte exercé; par exemple, l'expression «Par son mouvement *T'ai-ki* produisit *Yang*» indique un acte.

23. *T'ai-ki* est comme le faîte d'une maison, ou le plus haut point du Ciel; arrivé là, il n'y a plus moyen de passer outre; c'est le point extrême de *Li* dans un être quelconque. *Yang* se meut, *Yn* repose : ce n'est pas *T'ai-ki* qui met en mouvement ou en repos; *Li* seul est intrinsèquement doué de mouvement et de repos. *Li* est de soi invisible; c'est par *Yn* et *Yang* qu'il se fait connaître. *Li* se tient sur *Yn* et *Yang* comme un homme à cheval. Dès qu'il produit les cinq éléments, il se trouve englobé, détenu et fixé dans leur substance matérielle *(K'i-tche, 氣 質)*; chacun de ces éléments est dès lors un être à part, chacun possède sa nature propre *(Sing)*; et voilà comment *T'ai-ki* est présent partout.

24. *Question.* Ce que maître *Lieou* appelle le Centre du ciel et de la terre, et ce que maître *Tcheou* appelle *T'ai-ki*, est-ce une même chose? — *Réponse* : Oui, le nom seul est différent. *Tchong* (衷) signifie le point où tout aboutit et s'adapte exactement (恰 好 處). La phrase du *Chou-king* : «Le souverain *Chang-ti* communique au peuple une nature vertueuse *(Tchong, 衷)*», ne signifie pas

24		23	22
問、劉子所謂天地之中、卽周子所謂太	好處。書惟皇上帝降衷於下民。亦只 極否。只一般、但名不同。	定。各爲一物、亦各有一性、而太極無 不在也。 人跨馬相似。才生五行、便被氣質拘 見、因陰陽而後知。理搭在陰陽上、如 非太極動靜、只是理有動靜。理不可 更沒法處、理之極至者也。陽動陰靜。 太極者、如屋之有極天之有極、到這裡	或問太極。曰、未發便是理、已發便是情。 如動而生陽、便是情。

autre chose que ce milieu exact, cette harmonie parfaite. *Ki* (極)
n'est pas *le centre*; mais lorsque *Ki* s'individualise en formant
un être, il est au milieu de cet être. Par exemple, dans ce chandelier, le centre, où se trouve la pointe, est le *Ki* ou l'axe du
chandelier. De ce point à un point quelconque du rebord, il y
a exactement la même distance, sans différence aucune.

25. *T'ai-ki* est quelque chose de grand! Considéré dans son
étendue, vers les quatre points cardinaux, le zénith et le nadir,
il se nomme *Yu;* considéré dans sa durée, depuis la plus haute
antiquité jusqu'à présent, on l'appelle *Tcheou.* Il n'est rien de si
vaste que *Yu* : dans les quatre directions, il va à l'infini; en haut
et en bas, rien ne le limite : telle est son étendue. Rien n'est
comparable à *Tcheou* pour la durée : depuis les temps les plus
reculés jusqu'à nos jours, c'est une succession sans fin. Notre esprit ne doit jamais perdre de vue cette pensée. — Comme quelqu'un
lui demandait de qui était cette assertion, *Tchou Hi* répondit :
Elle est des anciens : *Siang-chan* la cite fréquemment, mais il se
contente du simple énoncé de la chose. Sans développer cette idée
dans une suite de propositions connexes (節拍, propositions unies
par des particules copulatives ou disjonctives), il se contente
d'une simple affirmation assez vague. Lisez aussi, Monsieur, le

25

太極

是恰好處。極不是中。極之爲物只是
在中。如這燭臺中央簪處便是極。從
這裡比到那裡也恰好不曾加些。
那裡比到這裡也恰好不曾減些。
極是個大底物事。四方上下曰宇古
往今來曰宙。無一個物似宇樣大。四
方去無極、上下去無極、是多少大。無
一個物、似宙樣長遠。亘古亘今、往來
不窮。自家心下、須常認得這意思。間、
此是誰語。曰此是古人語。象山常要
說此語。但他說便只是這個。又不用
裏面許多節拍却只守得這空蕩蕩

Si-ming de *Hong-k'iu* (i. e. 張 子 *Tchang-tse).* A première vue, cet ouvrage semble obscur, rempli qu'il est de propositions qui s'enchaînent et se complètent l'une par l'autre; mais le sens en est pourtant facile à saisir. Et lorsqu'on en a compris tout l'ensemble, quelle grandeur on y découvre!

26. Considéré comme une seule et même chose avec *Li,* principe immatériel, on ne peut pas dire que *T'ai-hi* soit un être sensible *(Yeou,* 有*);* mais si on le considère dans les êtres qu'il forme, on ne peut pas dire qu'il soit imperceptible *(Ou,* 無*).*

27. A propos de ces deux assertions de (邵 *Chao) K'ang-tsié* «*Tao* est le *T'ai-ki»* et «*Sin* aussi est le *T'ai-hi,»* quelqu'un demanda si par *Tao* cet auteur veut exprimer le premier principe *Li,* qui existe de lui-même, informant le ciel, la terre et tous les êtres; et par *Sin* (心) ce même *Li* en tant que, dans l'homme, le principe dirigeant de son être. — *Réponse :* Oui, certainement; mais *T'ai-hi* est unique et sans pareil.

28. *T'ai-hi* est le principe *Li* existant à l'état concret dans les cinq éléments. le *Yn* et le *Yang;* ce n'est pas une conception abstraite, car comme telle (i. e. considéré indépendamment des êtres), il ne différerait pas de la *Nature (Sing),* au sens des Bouddhistes.

29. *Ki* signifie le point extrême des êtres, jusqu'où pénètre l'influence du principe formel *(Li* ou *Tao).* Ce *Li,* en tant que

29	28	27	26
極、是道理之極至。總天地萬物之理、	太極是五行陰陽之理皆有。不是空 似。底物事。若是空時、好釋氏說性相	或問康節云、道爲太極又云、心謂太 言。心指人得是理以爲一身之主而 極。道指天地萬物自然之理而	以理言之、則不可謂之無。以物言之、則不可謂之有。 節拍、却是狹。充其量、是甚麼樣大。 底。公更看橫渠西銘。初看有許多
物之理、	言曰、固是。但太極只是個一而無		

forme universelle du ciel, de la terre et de toutes choses, s'appelle *T'ai-ki.*

30. *T'ai-ki* n'est autre que le point extrême que l'on ne saurait dépasser, au-delà duquel il n'y a rien; très haut, très parfait, très pur et imperceptible, il surpasse toutes choses. *(周 Tcheou) Lien-k'i* craignant qu'on ne dit que le *T'ai-ki* a une forme matérielle, sensible, l'a designé par les mots *Ou-ki eul t'ai-ki,* signifiant par là qu'au milieu du monde imperceptible (無) existe un principe sans limite, qui pénètre tout.

31. *Question :* *T'ai-ki,* dites-vous, n'est autre que *Li;* mais ce *Li,* comment a-t-il mouvement et repos? Le mouvement et le repos sont des propriétés de la matière. Or, puisque le *T'ai-ki* est imperceptible, peut-être ne devrait-on pas lui attribuer mouvement et repos? — *Réponse :* Le mouvement et le repos de *K'i* ont leur raison d'être dans la puissance de mouvoir et d'arrêter que possède *Li.* Si *Li* n'avait pas ce pouvoir, d'où *K'i* recevrait-il mouvement et arrêt?

32. A en juger d'après ce qui parait dans chaque action et objet, *Yn* et *Yang* renferment le *T'ai-ki ;* mais, si l'on considère leur origine, *Yn* et *Yang* proviennent eux-mêmes du *T'ai-ki.*

33. A la question : «*T'ai-ki* est donc le principe suprême de l'esprit dans l'homme? Le maître répondit : Tout acte et tout

33	32	31	30
問太極便是人心之至理。曰事事物	自見在事物而觀之則陰陽函太極。	問太極理也理如何動靜。有形則有	太極只是極至、更無去處了、至高至
	推原其本則太極生陰陽。	動靜。太極無形恐不可以動靜言。	妙至精至神、是沒去處、濂溪恐人
	自動靜則氣何自而有動靜乎。	曰理有動靜、故氣有動靜若理無	道太極有形、故曰無極而太極。是
		動靜。	無之中、有個極至之理。
			便是太極。

objet ont leur *Ki*, qui est le point extrême jusqu'où pénètre le premier principe *(Tao,* ou *Li).* «Comme, par exemple, demanda quelqu'un, la Bonté du souverain et le Respect du sujet sont des *Ki* (extrêmes)?» — «Ce sont là, répondit-il, des *Ki* (extrêmes) individualisés dans chaque action et dans chaque être particulier. Mais le principe universel *(Li)* du ciel, de la terre et de toutes choses, c'est le *T'ai-ki.* Le *T'ai-ki,* considéré en soi, ne porte pas ce nom : on désigne ainsi les manifestations de son énergie.

34. *T'ai-ki* est semblable à une racine qui germe et monte, puis se divise en plusieurs branches; puis se divise encore et produit des fleurs et des feuilles. et ainsi de suite, sans interruption. Le fruit une fois formé possède également en lui-même un principe de production sans limite. Il va bientôt produire à son tour, et ce sera encore l'action infinie de *T'ai-ki.* Cette action est incessante; ce n'est que lorsque le fruit est parfaitement formé, qu'elle *s'arrête* un instant. Mais il n'est pas vrai que. ayant produit jusqu'à une certaine limite. *T'ai-ki* alors se recueille en lui-même et pendant quelque temps cesse absolument tout acte. — C'est ce qu'exprime la phrase «*Tchong che wan ou, mo cheng hou ken* (終 始 萬 物 莫 盛 乎 艮) : Dans le cours de leur révolution périodique, les êtres de l'univers obtiennent leur plus grande perfection au point qui correspond au diagramme *Ken*.» *(Ken-tche,* 艮 止), *Ken* est le point d'arrêt dans la production et la génération d'êtres nouveaux.

34

太
極

艮　少　畧　無　生　果　而　極　名、　物　此　曰、　物、
止、　止。　少　停　將　子。　生　如　只　之　是　如　皆
是　所　歇。　息　出　裏　花　一　是　理　一　君　有
生　謂　也　只　去　面　生　本　個　便　物　之　個
息　終　不　是　又　又　葉。　生　表　是　一　仁、　極、
之　始　是　生　是　有　生　土。　德。　太　事　臣　是
意。　萬　生　到　無　生　花　分　　　極。　之　之　道
　　物、　到　成　限　生　生　爲　　　太　極。　敬、　理
　　莫　這　果　個　無　不　枝　　　極　總　便　之
　　盛　裡、　實　太　窮　窮、　幹、　　　本　天　是　極
　　乎　自　時、　極。　之　到　又　　　無　地　極。　至。
　　艮。　合　又　　　理。　得　分　　　此　萬　曰、　或
　　　　　却　　　　　　成

35. C'est en vertu du seul *T'ai-ki* que, durant l'automne et l'hiver, chacun des êtres se replie sur lui-même et se tient comme enfermé ; puis soudain, à l'arrivée du printemps suivant, il se remet en action et s'épand en bel ordre. Ce n'est là que le *K'i* universel, qui alternativement s'arrête et se meut ; semblable en cela à l'homme qui, tant qu'il garde le silence, est en repos, et, dès qu'il parle, est en mouvement. Le bleu, le jaune, le vert, toutes les couleurs qui couvrent nos montagnes sont des manifestations du *T'ai-ki*.

36. On ne doit pas dire que *T'ai-ki* soit séparé de *Yn* et *Yang*, ni qu'il se confonde avec *Yn* et *Yang*.

37. *Question :* Lorsque vous dites que chaque être a son *T'ai-ki*, parlez-vous de *Li* ou de *K'i* ? — *Réponse :* Je parle de *Li*.

38. Le mot de *Tcheou Lien-k'i* «*Ou-ki eul T'ai-ki*» signifie seulement que *Li* existait sans aucune forme sensible. *Tcheou-tse* craignant que, en dehors de ce *T'ai-ki*, quelqu'un ne voulût en chercher un autre, le désigne par le qualificatif *Ou-ki*, sans limite. Puisqu'il l'appelle «sans limite», pourquoi vouloir à tout prix chercher à lui en assigner ? Quelqu'un ayant demandé si *T'ai-ki* commence lorsque *Yang* se met en mouvement, *Tchou Hi* répondit : Le repos

38	37	36	35

38

無極而太極。只是無形而有理。周子恐人
於太極之外。更尋太極、故以無極言之。
既謂之無極、則不可以有底道理強搜
尋也。問太極始於陽動乎。曰陰靜是太

37

問、萬物各具一太極、此是以理言、以
氣言。
曰、以理言。

36

所謂太極者、不離乎陰陽而為言、亦不雜
乎陰陽而為言。

35

只是這一個物事、所以萬物到秋冬時、各
自收斂閉藏。忽然一下春來、各自發越
條暢這只是一氣一個消。一個息。只如
人相似方其默時、便是靜及其語時、便
是動。那個滿山青黃碧綠、無非是這太

de *Yn* est le racine de *T'ai-hi*. Mais le repos de *Yn* provient lui-même de *Yang* en mouvement. Un arrêt et un mouvement font un *P'i-ho*, c.à.d. une ouverture et une clôture, ou une Révolution ; et si nous pénétrons par la pensée au delà de la grande Révolution cosmique *(Tse k'i p'i-ho tche ta tché,* 自其闔闢之 大者), c'est encore l'Infini. Ne parlons donc pas d'un premier commencement.

39. *Question :* Que pensez-vous de l'opinion de *Nan-hien :* «la substance non en activité de *T'ai-ki* est le repos parfait?» *Réponse :* Elle est fausse. Quelqu'un demanda encore si ce qu'on appelle *«Tche-tsing»* parfait repos, comprend à la fois et la manifestation de l'acte et sa non-manifestation. — *Réponse :* Ainsi on ferait un *T'ai-ki* tout à fait irrégulier. [Les 39 sentences qui précèdent sont extraites du 語類.]

40. Entre le ciel et la terre (i.e. dans l'univers). il n'y a que les deux états de mouvement et de repos, qui se succèdent dans un cercle sans fin. Il n'y a pas autre chose ; et c'est ce que l'on désigne par le mot *I* (Changement). Or, étant donné qu'il y a mouvement et repos, il faut nécessairement admettre un principe de ce mouvement et de ce repos; et c'est ce que nous nommons *T'ai-ki.*

41. *T'ai-ki* est dans *Yn* et *Yang*, comme *Yn* et *Yang* sont dans le *T'ai-ki.* Ils se trompent, ceux qui disent qu'au-delà de *Yn*

41	40	39

所謂太極者也。
陽謂太極者便
者太極者便只
便極者便只在
只者便只在太
在便只在太極
太只在陰極裡
極在陰陽裡。
裡陰陽裡。今
今陽裡。所人
人裡。所謂說
說所謂陰是
是謂陰陰
陰陰

者也。必有以動靜之
必有以動靜之理。
有以動靜之理。是
以動靜之理。是則
動靜之理。是則所
靜之理。是則所謂
之理。是則所謂太
理。是則所謂太極
是則所謂太極
則所謂太極
所謂太極
謂太極

天地之間，無餘事。
無餘事。此之謂易。
餘事。此之謂易。而
事。此之謂易。而其
此之謂易。而其動
之謂易。而其動其
謂易。而其動其靜
易。而其動其靜則
而其動其靜則更
其動其靜則更
動其靜則更
靜則更
則更

當尖斜太極。以上 語類 三十九 條

發而言。如何。
是。又云、所謂至靜者、貫乎已發未
南軒云、太極之體至靜。如何。曰、不
以本始言。
之大者、推而上之、更無窮極。不可

極之本。然陰靜、又自陽動而生。一
靜一動、便是一個闔闢。自其闔闢

et de *Yang,* il existe à part, dans un état invisible, sans forme et sans ombre, quelque chose qui serait le *T'ai-ki*

42. *Sing* (nature) a une certaine ressemblance avec *T'ai-ki,* et *Sin* (esprit), avec *Yn* et *Yang.* En effet, *T'ai-ki* est toujours dans *Yn* et *Yang* et ne saurait en être séparé; et cependant, à parler exactement, ils sont mutuellement distincts: *T'ai-ki* est *T'ai-ki, Yn* et *Yang* sont *Yn* et *Yang.* De même en est-il pour *Sing* (nature) et *Sin* (*mens,* esprit) [i.e. ils sont distincts, bien qu'inséparables]. C'est ce qu'on exprime en disant qu'ils *(T'ai-ki, Yn* et *Yang, Sing* et *Sin)* sont un et pourtant deux, deux et pourtant un.

N.B. Les trois derniers paragraphes sont tirés du commentaire (小 註) du *T'ai-ki-t'ou,* partie *Sing Li.*

43. *Tao* est le *T'ai-ki* du *I-king.* Un est *Yang,* nombre impair; *deux* est *Yn,* nombre pair; *trois* est la réunion des premiers nombres, pair et impair. Lorsqu'on dit que *deux* engendre *trois* (二 生 三) c'est comme si l'on disait *deux* et *un* font *trois.* Si donc nous considérons *Un* comme étant le *T'ai-ki,* il ne faut pas dire alors que *Tao* a produit *Un.* [*Réponse à Tch'eng T'ai-tche*].

44. Le mouvement et le repos, de même que *Yn* et *Yang,* n'eurent jamais de commencement. Entre eux il n'y a, à proprement parler, ni priorité ni postériorité d'origine. Si par la pensée on

---

44

動靜無端、陰陽無始。本不可以先後言。

43

此道字、即易之太極。一乃陽屬之奇、二乃陰數之偶、三乃奇偶之積。其曰、二生三者、猶所謂二與一爲三也。若直以一謂太極、則不容復言道生一矣。

答程泰之

42

陽上別有一個無形無影裏是太極。性、猶太極也。心、猶陰陽也。太極只在陰陽之中、非能離陰陽也。然至論太極、惟則太極自是太極、陰陽自是陰陽。性與心亦然。所謂一而二。二而一也。以上三條出性理太極圖小註

les divise au milieu de leur cours, alors il n'y a pas d'inconvénient à leur attribuer priorité et postériorité (relative). *Tcheou-tse* dit que *T'ai-ki* en mouvement engendra *Yang;* donc avant qu'il se remuât, il y avait sûrement repos. De même, ajoute-t-il, parvenu au terme du repos, il recommença à se mouvoir; donc après le repos, certainement il y a mouvement. Prenons comme exemple le printemps, l'été, l'automne et l'hiver, ou les 4 points qui divisent le cercle dans lequel l'Univers se meut éternellement, *Yuen, Heng, Li* et *Tcheng :* il est impossible qu'il n'y ait pas entre eux relation

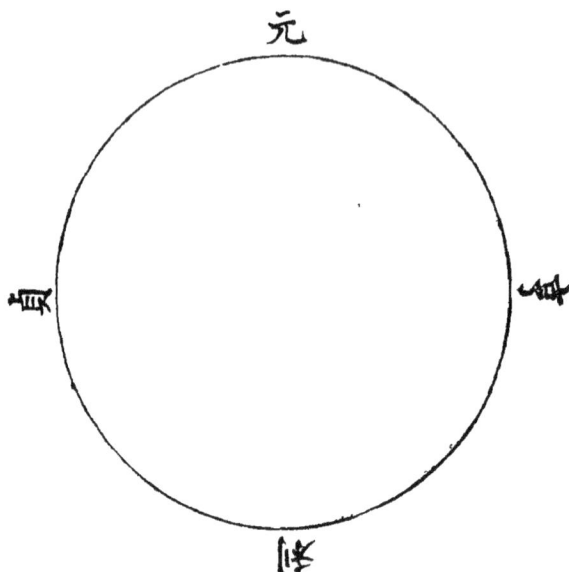

元

夏　　秋

冬

de priorité et de postériorité. Otez l'hiver. comment aurez-vous le printemps? Supprimez *Tcheng,* que deviendra *Yuen?* Lorsque l'on considère ainsi les choses, il est évident qu'il y a priorité et postériorité. [Rép. à *Wang Tse-ho*].

答
王
子
合

看
之、
又
何
以
爲
元。
就
此

貞、
又
何
以
爲
春。
而
不

冬、
則
不
能
無
先
後。
然
不

固
不
能
無
先
後。

春
夏
秋
冬、
元
亨
利
貞、
如

之
後、
固
必
有
動
矣。

言、
靜
極
復
動。
則
已
靜

之
前、
固
已
嘗
靜
矣。
又

動
而
生
陽。
則
其
未
動

也。
觀
周
子
所
言、
太
極

則
亦
不
害
其
有
先
後

然
就
中
間
截
斷
言
之、

45. Ce que je vous disais dans une précédente lettre, que *T'ai-ki* n'existe pas en dehors de *Yn* et *Yang,* concorde parfaitement avec ce que vous exprimez dans votre missive, quand vous dites que «sans s'appuyer sur (i. e. indépendamment de) *Yn* et *Yang,* il *(T'ai-ki)* a produit *Yn* et *Yang.*» Seulement, voulant signifier que le sensible et l'incorporel restent toujours bien réellement distincts, j'ai dit que «*T'ai-ki* est au centre de *Yn* et de *Yang.*» Et vous, monsieur, considérant qu'il faut éviter que le sensible et le l'incorporel soient confondus dans la même expression, vous dites que «*T'ai-ki* n'est pas en dehors de *Yn* et *Yang.*» Bien que notre point de vue soit un peu différent; au fond, notre sentiment a toujours été le même. (Réponse à 'Tch'eng K'o-kieou).

46. Le vrai sens de *T'ai-ki* est l'extension à l'extrême de *Li.* Dès que *Li* s'individualise, un être existe, sans qu'on puisse affirmer, entre ce *Li* individuel et cet être, un ordre de priorité ou de postériorité. Lors donc que l'on dit que «*I* (易) contient le *T'ai-ki*», cela signifie que ce *T'ai-ki* est au centre de *Yn* et *Yang,* et qu'il n'est pas au-dehors. Si maintenant on affirme qu'il est le Grand Centre *(Ta tchong),* et si l'on parle de ce qu'il était avant la séparation de *K'ien* (乾, Ciel) et *K'oen* (坤. Terre), ou bien avant la division du Grand Efflux *(Ta ien* 大衍), il est à craindre qu'on ne soit inexact. La partie imperceptible de *T'ai-ki* s'appelle *Tao;* la partie inférieure et sensible s'appelle *K'i*

46   45

太

前

也。判，也。在言。理，極也。雖不之者，生正晉
形大今陰故之答所可其陰與所謂、
而衍以陽曰。義。程自相吾陽來謂、太
上未大之即正可而可丈者、教者。極
者、分中訓易謂久言雜初教所但不
謂之中之物。理不故合。謂不在
之時而有之極同、日形但不倚陰
道。論非太極而不不某以倚於陽
形之在則先未在相以形於陰之
而恐陰是後嘗陰雜。形而陽外
下未陽太次有陽故而上陰之
者、安坤之極序異之日、上者、陽外
謂未外乃之外。在者、其下而

(器 récipient.). Mais, si en parlant de *T'ai-ki* l'on dit que sa substance se nomme *Chen* (imperceptible aux sens), ou encore si on parle de lui au temps où, le ciel et la terre n'étant pas encore divisés, le *K'i* primordial (元氣) ne formait qu'une masse chaotique, il est également à craindre que l'on n'affirme des choses peu sûres. (Rép. à *Tch'eng K'o-kieou*).

47. On peut dire que *T'ai-ki* renferme mouvement et repos; mais alors il s'agit de sa substance propre originelle. On dira aussi avec raison que *T'ai-ki* est en mouvement et en repos, indiquant par là son évolution dans les êtres particuliers. Mais, si vous dites que *T'ai-ki* est mouvement et repos, dans ce cas il est impossible de distinguer la partie incorporelle de la partie sensible, et alors l'expression «*I yeou T'ai-ki* (易有太極) contient une tautologie.» (Rép. à *Yang Tse-tche*).

48. *T'ai-ki* est le principe *Li* des deux Modes *(I,* 儀) des quatre *Siang* (le soleil, la lune, les planètes et les constellations) et des huit *Koua* (diagrammes de *Fou-hi*). On ne peut pas dire qu'il ne soit rien; seulement il n'a pas de forme sensible. Le *Yn* et le *Yang* qu'il engendre sont les deux Modes *(I);* les quatre *Siang* et les huit *Koua* proviennent également de lui. Tout cela se fait d'après un ordre nécessaire, spontané; l'effort humain n'est pour rien dans cet arrangement. Mais depuis Confucius personne ne

48

太極、乃兩儀四象八卦之理。不可謂
無。但未有形象之可言爾。故自此
而生一陰一陽乃爲兩儀。而四象
八卦又是從此生。皆有自然次第，
不由人力按排。然自孔子以來，亦

47

太極含動靜，則可。以本體而言也。謂
者言之。亦恐未安也。答程可久。謂
神。又以天地未分，元氣合而爲一
謂之器。今論太極而曰，其物謂之

下者不可分。而易有太極之言亦
若謂太極便是動靜，則是形而上
太極有動靜，則可。以流行而言也。
贅矣。答楊子直

comprenait cette doctrine : ce n'est qu'après *Chao K'ang-tsié*
qu'elle brilla à nos yeux. L'exposé que cet auteur nous en donne
ne peut manquer de plaire par l'ordre et l'élégance. Il ne faut
pas le parcourir sans soin, mais l'étudier avec une grande attention. (Réponse à *Lin Hoang-tchong*).

49. Avant l'acte, c'est le repos de *T'ai-ki;* dès que l'acte
a commencé, il est en mouvement. (Réponse à *Liu Tse-yo*).

50. *Chou* interrogea le maître sur le sens du mot *Ki.* «Au
fond, disait-il, *Tche-ki* (至 極) signifie ce à quoi l'on ne peut rien
ajouter : et, pour exprimer le sens de ce principe *Li,* on emploie
cette désignation *(Ki, T'ai-ki)* indiquant que rien dans l'univers
ne lui est supérieur. C'est pour cette raison qu'il est toujours
au milieu des êtres, qu'il en est le point central, que sans lui les
choses n'ont ni fondement ni direction, et conséquemment manquent de soutien et de point d'appui. De là vient que l'on dira
bien que *Ki* est *au centre* des choses, mais non qu'il *en est le
centre.* Pour me servir d'un comparaison sensible, il ressemble à
la poutre qui est au faîte d'une maison, ou encore à la colonne
qui supporte le toit d'un grenier public. *Ki* est au centre de toutes
choses ; les quatre points cardinaux et les huit directions se
règlent d'après lui ; les myriades d'êtres, comme autant de bran-

50   49

此物之中央。四面八方望之以取正。
屋之有脊棟、囷廩之有通天柱。常在
極為中、則不可。以有形者論之、則如
有立。故以為在中之義、則可。而
的。物無之、則無以為根主、而不能以
加此之稱也。故常在物之中、為物之
謂。以狀此理之名義、則舉天下無以
問極之為言。究竟至極、不可有加之
銖。
呂子約
未發者、太極之靜。已發者、太極之動。
之。答林黃中
極有條理意趣可玩。恐未可忽、更詳
無一人見得。至邵康節、然後明。其說

ches, ont en lui la racine d'où ils naissent. Dans l'expression du Mémorial des Rites «Ming-ki (民 極)», et dans cette autre du livre des Vers «Se-fang-tche-ki (四 方 之 極)», le mot Ki (極) a la même signification. Je ne sais pas si l'opinion que je viens de développer est vraie ou erronée. Le maître répondit : Vous avez bien dit. (Réponse à *(Tong Chou-tchong)*.

N.B. Les 8 derniers paragraphes sont extraits des Œuvres de *Tchou Hi,* partie littéraire.

八 以 董 否。 說 也。 極、 謂 民 生。 本 千
條 上 叔 曰、 如 未 其 四 極、 禮 之 條
　 文 重 是。 此、 知 義 方 詩 所 以 萬
　 集 ○ 答 是 推 一 之 所 謂 有 別、

CHAPITRE III.

CIEL ET TERRE *(T'IEN TI).*

1. Le ciel et la terre n'étaient, dans le principe, que *K'i* ou la matière universelle composée d'éléments parfaits et imparfaits *(Yn Yang).* Ce *K'i* unique, animé d'un mouvement gyratoire, tourne comme une meule. Le mouvement devenant rapide, il se déposa une grande quantité de sédiment grossier, lequel, enfermé sans issue, se condensa et forma la terre au centre. La partie plus pure devint le ciel, le soleil, la lune et les étoiles, qui sans cesse tournent au dehors. La terre resta immobile au centre ; elle n'est pas au bas du système.

2. ……………… Si le ciel s'arrêtait un seul instant, aussitôt la terre tomberait. Mais le ciel tourne d'un mouvement rapide.

3. *Question :* Le ciel est-il d'une substance tangible, sensible ?
Réponse : C'est un vent tournant en spirale, sans consistance dans les régions inférieures, mais (de plus en plus) solide vers le

---

3

問、天有形質否。曰、只是個旋風、下輭上堅。道家謂之剛

2

使天有一息之停、則地須陷下。惟天運轉之急。云云

1

天地

天地初間、只是陰陽之氣。這一個氣運行、磨來磨去、磨得急了、便拶許多渣滓、裏面無處出、便結成個地在中央。氣之清者、便爲天、爲日月、爲星辰、只在外常周環運轉。地便在中央不動、不是在下。

sommet. Les Taoistes l'appellent «Kang fong» (vent dur). On dit
communément que le ciel consiste en neuf sphères (séparées), que
l'on désigne chacune par un nom différent. Cela est inexact : c'est
seulement une spirale continue à neuf étages. Dans la partie inférieure, la matière (K'i) est moins subtile et plus obscure, tandis
que dans les régions les plus élevées elle est très pure et très
brillante.

4. Au commencement du ciel et de la terre, avant que la
matière chaotique ne fût divisée, je pense qu'il n'y avait encore
que le feu et l'eau. Le dépôt de l'eau forma la terre. Aujour-
d'hui encore, lorsque d'un lieu élevé nous regardons au loin,
les nombreuses collines nous apparaissent semblables aux vagues
de la mer. L'eau a dû couler de la sorte : mais, quand s'est-elle
condensée, nous l'ignorons. Tout d'abord extrêmement molle,
elle s'est ensuite condensée, et est devenue dure. Quelqu'un émit
l'opinion que cela ressemblait au sable soulevé par la marée ; (et
le maitre) répondit: C'est bien cela. La partie la plus trouble de
l'eau forma la terre; la portion la plus pure du feu devint vent,
tonnerre, éclairs, soleil, étoiles, etc....

5. Question : Depuis le commencement (m.à.m. l'Ouverture)
du ciel et de la terre, 10.000 ans ne se sont pas encore écoulés ;
je ne sais ce qu'il y avait auparavant. — Réponse : «Auparavant il

---

5

問、
自
開
闢
以
來、
至
今
未
萬
年。
不
知
已

星、
之
屬。

成
地。
火
之
極
清、
便
成
風
霆
雷、
電、
日、

水
湧
起
沙
相
似。
水
之
極
濁、
便

極
頓
後
來
方
凝
得
硬。
想
得
如
潮

如
此。
只
不
知
因
甚
麼
時
凝
了。
初
間

望、
羣
山
皆
爲
波
浪
之
狀、
便
是
水
泛

二
者。
水
之
滓
脚
便
成
地。
今
登
高
而

4

天
地
始
初
混
沌
未
分
時、
想
只
有
水
火

而
暗、
上
面
至
高
處、
則
至
清
至
明
耳。

也。
只
是
旋
有
九
耳。
但
下
面
氣·
較
濁

風。
人
常
說
天
九
重、
分
九
處·
爲
號、
非

16

a dû y avoir une autre période de clarté semblable à celle-ci.»
«Le ciel et la terre peuvent-ils périr (complètement)?» — «Non, ils
ne sauraient périr. Seulement lorsque les hommes auront entière-
ment dégénéré, alors tout rentrera ensemble dans le chaos.
Hommes et choses s'éteindront, mais pour recommencer de nouveau.» Quelqu'un demanda comment le premier homme est
produit. — *Réponse:* «Il est formé de *K'i*, la matière première; les
parties subtiles des deux modes *(Yn et Yang)* et des 5 éléments
s'unirent et lui donnèrent sa forme sensible. C'est ce que les
Bouddhistes nomment *Houa-cheng* (naître par transformation). A
présent les êtres qui naissent ainsi sont encore très nombreux,
par exemple la vermine.» [C'est la génération spontanée].

6. .... *Chao K'ang-tsié* pense que 129.600 ans font un *Yuen*
(元) ou période cosmique; mais, avant cette période de 129.600
ans, il y eut encore une autre grande Ouverture (du monde):
et avant celle-là, encore une semblable; de sorte que cette succession de mouvement et de repos, de *Yn* et de *Yang*, n'eut jamais
de commencement.

12. . ..... Parce que l'air *(K'i)* est très condensé, il est
capable de soutenir la terre; sans cela elle tomberait. A la

12

為其氣極緊故能扛得地住不然則墜

動靜無端陰陽無始云云

一個大開闢更以土亦復如此直是

則是十二萬九千六百年之前又是

邵康節以十二萬九千六百年爲一元。

化生者甚多如虱然。

合而成形。釋家謂之化生。如今物之

一個人時如何。曰以氣化。二五之精

一番人物多盡又重新起。又問生第

相將人無道極了便一齊打合混沌

來。又問天地會壞否。曰不會壞。只是

前如何。曰已前亦須如此一番明白

partie extérieure de l'air, il doit certainement y avoir une écorce ou coque très épaisse, qui le retient et le fortifie … .. …

15. Si le ciel était de lui-même brillant, le soleil et la lune alors n'éclaireraient pas; mais le ciel n'est pas de soi brillant; le noir sombre de minuit est la couleur naturelle du ciel.

19. «L'esprit (mens) du ciel et de la terre est-il actif, ou bien simplement insouciant, inerte?» (A cette question) le maître répondit : «On ne peut pas dire que l'esprit du ciel et de la terre ne soit pas doué d'activité; mais il ne pense pas, ne se préoccupe pas à la façon des humains. . …»

20. A propos de l'esprit (sin) et du Li du ciel et de la terre, quelqu'un demandait si Li a bien ici le sens de premier principe (Tao-li) et Sin celui de maître (tchou-tsai 主宰).—Réponse: Sin (心) ? signifie certainement maître, régulateur; mais ce maître, ce regulateur n'est autre que Li : car Li n'est jamais en dehors (séparé) de Sin, ni Sin séparé de Li.—«Sin et Ti (帝), ont-ils quelque ressemblance entre eux?»—«Jen (l'homme) ressemble à T'ien (Ciel), et Sin (esprit, mens) à Ti ou Chang-ti, suprême régulateur (i. e. ce que Sin est à l'homme, Ti l'est au Ciel).

21. Le Sin (propension naturelle) du ciel et de la terre est de produire les êtres.

21			20			19		15	
天地以生物爲心。	似帝字。與帝字相似否。	與個理、有個心。又問、此心	有個理、主宰理外別有個心。	所謂主宰者、即是理也。不是心外	主宰底意否。曰、心固是主宰底意	天地之心、天地之理。理是道理。心是	人恁地思慮云云	曰、天地之心亦靈否。還只是漠然無爲。	天地之心、不可道是不靈。但不如

間、天地之心亦靈否。

間、天地以生物爲心。

天明則日月不明。天無明。夜半黑淬淬

氣也。云云

矣。氣外更須有軀殼甚厚、所以固此

23. Lorsque tous les êtres sont déjà engendrés et prospèrent, alors le ciel et la terre n'agissent plus suivant leur tendance; mais, dès que tout a dégénéré et exige une nouvelle production, le ciel et la terre reprennent leur activité.

27. *Ti* n'est autre que *Li* agissant en maître.

28. La voûte d'azur s'appelle *(T'ien)* ciel; c'est ce qui tourne sans cesse et se répand de tous côtés. Quant à affirmer qu'il y a là-haut quelqu'un qui juge les mauvaises actions, assurément on ne le peut pas; mais dire qu'il n'y a rien qui dirige et ordonne, on ne le peut pas davantage. Ici il faut que chacun examine et comprenne bien.

29. Quel est le sens de *T'ien* (Ciel) dans les Livres canoniques et les classiques? — *Réponse* : Chacun doit bien observer et distinguer clairement : dans certains endroits, il *(T'ien)* signifie la voûte azurée; dans d'autres, l'acte producteur et ordonnateur (主宰); et parfois seulement *Li* ou le principe immatériel.

32. L'expression «*T'ien ti pou chou*» (天地不恕, le ciel et la terre sont inexorables) veut dire que tout est condamné à périr.

35. Au commencement de la génération des êtres, la partie plus subtile de *Yn* et *Yang* se condensa spontanément et forma

35	32		29			28	27	23
生物之初、陰陽之精自凝結、成兩個。蓋	天地不恕、謂肅殺之類。	訓理時。	問經傳中天字、曰、要人自看得分曉也	有說蒼蒼者、也有說主宰者、也有單	裡要人見得。	而今說天有個人在那裡、批判罪惡、固不可說道、全無主之者、又不可。這	蒼蒼之謂天。運轉周流不已、便是那個。	帝是理爲主。	天地有心時。	萬物生長、是天地無心時。枯槁欲生、是

deux individus (de chaque espèce) : ils furent engendrés ainsi par la transformation de la matière première, à la façon de la vermine, qui naît spontanément (mot à mot, *éclate* sous l'action de la chaleur). Lorsque ces deux individus existèrent, un mâle et une femelle, de leur semence naquirent des êtres semblables dans la suite des temps : c'est la transformation corporelle, ou par semence (1).

39. *T'ien* et *Ti* sont la partie sensible ou moins pure du ciel et de la terre; *K'ien* et *K'oen* en sont la partie plus subtile, imperceptible. *T'ien* et *Ti* sont l'enveloppe matérielle et visible; *K'ien* et *K'oen*, la nature animée, active du ciel et de la terre.

39

天

是氣化而生、如猋子自然爆出來。既有此兩個、一牝一牡、後來却從種子漸漸生去便是以形化。萬物皆然。天地形而下者、乾坤形而上者。天地、乾坤之形殼。乾坤、天地之性情。

---

(1) 陳氏埴曰：氣化謂未有種類之初、以陰陽之氣合而生；形化謂既有種類之後、以牝牡之形合而生、皆兼人物言之。

APPENDICE A.

臨川吳氏曰、一元凡十二萬九千六百歲、分爲十二會。一會計一萬
八百歲、天地之運至成會之中、爲閉物、兩間人物俱無矣。如是又五
千四百年而成會終自亥會始五千四百年當亥會之中、而地之重
濁凝結者、悉皆融散與輕清之天混合爲一。故曰渾沌、清濁之混逐
漸轉甚又五千四百年而亥會終。天混暗極矣。是天地之一終也。貞下
起元、又肇一初、爲子會之始。仍是混沌。是謂太始言一元之始也。是
謂太一言清濁之氣混合爲一、而未分也。自此逐漸開明、又五千四
百年當子會之中輕清之氣騰上。於有日、有月、有星、有辰、日月星辰四
者成象而共爲天又五千四百年、當丑會之始。五千四
雖搏在中間、然未凝結堅實而成土石。濕潤之氣爲水、流而不凝燥烈
重濁之氣爲火顯而不隱。水火土石四者成形而共爲地。故曰地關於丑。
之氣爲火顯而不隱。水火土石四者成形而共爲地。故曰地關於丑。
又五千四百年而丑會終。又自寅會之始五千
兩開人物始生。故曰人生於寅。

APPENDICE B.

庸齋許氏曰。天地之大、乃陰陽自虛自實、前無始後無終者也。大概有時而混沌、有時而開闢耳。伏羲之前、吾不知其幾時混沌、幾時開闢矣。所謂混沌而開闢者、以陰陽之運、有泰否、陰陽之氣、不能如方其泰而通也。天以清而浮於上、地以凝而墳於下。陰陽之開闢者、如此其中。復有英君誼辟、相繼爲生、而人極以立、以兩間之開闢者、如於其泰而通也。天以清而浮者、泰而通者、有時而否、通者、有時而否、以常不至於再爲混沌矣。然陰陽之運、不能以常泰、有時而否、以常通。上下或歷千萬百年、或歷數萬年、泰者濁而低此宜不至於此者、五行之用皆廢、而塞至於否塞之極也則天之清以浮者、濁而低地之凝以墳者、裂以洩。人物之生息繁滋者亦歇滅而萎敗。當此之時、而水火之性獨悖逆焉。火不爲離虛之明、而偏於沉伏。水不爲坎陷之而塞。而偏於沸騰。二者雖皆反常、而成天地之混沌者、水也。前日之之滿、而偏於沸騰。二者雖皆反常、而成天地之混沌者、水也。前日之開闢者、至此又成一混沌矣。天地每成一混沌。所不死者有。元氣焉。惟其元氣不死、故陰陽之否者、終於泰陰陽之塞者、終於通。或歷數百年、或歷數千年、天之低以濁者、又復清而浮地之裂以洩者、又復凝而墳。人物之歇滅萎敗者、又復生息而繁滋此陰陽之運氣、已泰而通則前日之混沌者、復爲之開闢矣。然則天地由開闢而混沌。固以由而者。其漸、開漸闢、初又方、聰闢之、聖明神、天者繼、而為主、以復極、伏人立、當義蓋、闢一開、也之初。

APPENDICE C.

—◦◦❉◦◦—

通書　（周子作　朱子註）

陳氏淳曰。孟子道性善、從何而來。夫子易繫曰、一陰一陽之謂道、繼之者善也。成之者性也。所以一陰一陽之理者為道。繼此者為善、乃是就其間說造化流行、生育賦予。更無別物只是箇善而已。此是太極之動而陽時。所謂善者、以實理言、即道之方行者也。至成此者為性。是說一物受得此善底道理、去各成箇性。是太極之靜而陰時。此性字與善字相對。是即所謂善、而理之已定者也。夫子所謂善、是就人物未生之前造化源頭處說。善乃重字、為實物。若孟子所謂性善、則是就成之者性處說。是生以後事。善乃輕字、言此性之純粹至善者耳。其實由造化源頭處有是繼之者善、然後成之者性時、方能如此之善。則孟子之所謂善、實淵源於夫子所謂善、而非有二本也。

TABLE DES MATIÈRES.

Préface. P. I à III.

PREMIÈRE PARTIE.

COURT EXPOSÉ HISTORIQUE.

CHAPITRE PREMIER.

TCHOU HI, SES MAÎTRES ET SES DISCIPLES,

p. 1 à 14.

Avènement de la dynastie *Song*. — Renaissance littéraire. — *Chao Yong* : jugement du P. Amiot sur son système. — *Tcheou Lien-k'i*, père de la nouvelle école : jugement du P. Cibot. — Valeur intrinsèque du *I-king*. — *Tchang Tsai* et les deux frères *Tch'eng*. — *Yang Che*, père de l'Ecole du Sud, et *Wang Ngan-che*. — *Louo Ts'ong-yen* et son élève *Li Yen-p'ing*. — Naissance de *Tchou Hi*, ses premières études sous la direction de *Hou Hien, Lieou Tche-tchong* et *Lieou Yen-tch'ong*. — Egarement passager, retour aux vraies traditions. — Sa haine contre les sectes de *Lao-tse* et de Bouddha. — Travaux littéraires et historiques. — Ses amis *Liu Tong-lai* et *Tchang Tch'e*. — Dispute avec *Lou Tse-tsing*. — *Tch'en Choen*, son disciple. — Persécution. — Mort. — Noms divers sous lesquels il est connu.

CHAPITRE II.

INFLUENCE DE *TCHOU HI*,

p. 15 à 24.

Découverte de *Wang Yang-ming*. — Adversaires posthumes : *Wang Se-hoai* et *Mao Si-ho*. — Opinion de Mr Meadows contredite par le Rév. Griffith John et Mr J. Edkins. — Hommages rendus à *Tchou Hi* par les Empereurs. — Décret récent confirmant l'autorité du philosophe et condamnant *Mao Si-ho*. — Conclusion.

DEUXIÈME PARTIE.

POINTS PRINCIPAUX DE LA DOCTRINE DE TCHOU HI.

—•‹•—

CHAPITRE PREMIER.

PRINCIPES GÉNÉRAUX DU MONDE.

§ I. Evolution cosmique, p. 27 à 29.

Eternité de la matière; l'idée de création manque. — Période *Yuen* et les douze *Hoei*.

§ II. Forme et Matière (理, 氣, *Li* et *K'i*), p. 29 à 32.

. § III. Grand Extrême (太 極, *T'ai-hi*), p. 32 à 34.

Enthousiasme de M' E. J. Coulomb. — Le néant absolu des Taoistes et le néant relatif de *Tcheou-tse*.

§ IV. Double mode de la Matière (陰 陽, *Yn* et *Yang*),
p. 34 à 37.

Remarque du Dr. A. P. Martin. — Opinion de M' J. Legge sur le sens de *Yn* et *Yang* dans le *I-hing*. Matérialisme dans les livres chinois très anciens.

—————

CHAPITRE II.

LES TROIS AGENTS (三 才, *SAN TS'AI*).

§ I. Ciel et Terre (天 地, *T'ien ti*), p. 37 à 43.

Leur formation. — Titres donnés au Ciel, comme au plus parfait des êtres. — *T'ien* et *Chang-ti* des modernes. — A quelle époque l'idée de *Ciel* est-elle devenue matérialiste? — Le sentiment de M' Legge semble inadmissible.

§ II. Mythologie et Tradition, p. 43 à 46.

Question du Terme. — Opinion du chanoine Mac Clatchie. — Le Dr. Legge et le *I-king.*

§ III. Ciel père et Terre mère (天 地 父 母), p. 47 et 48.

Génération spontanée (氣 化). — Premier ancêtre de notre race.

§ IV. Egalité (萬 物 一 體), p. 48 à 52.

T'ien-ming et *T'ien-tao.* — Fraternité universelle. — Qualités de la matière qui diversifient les êtres.

CHAPITRE III.

L'HOMME.

§ I. La nature (姓, *Sing*), p. 53 à 58.

Opinion de Confucius et de *Mong-tse.* — Opinions hétérodoxes de *Kao-tse, Siun-tse, Yang-tse* et *Han Wen-kong.* — Doctrine de l'école moderne. — Invention du *K'i-tche tche sing* ou de la *nature composée.*

§ II. Perfectibilité de l'homme, p. 59 à 64.

Le sage (賢 人, 君 子). — Doctrine de la rétribution.

§ III. Le Saint (聖 人) ou l'homme parfait, p. 64 à 70.

Perfection sans mélange. — Impeccabilité. — Connaissance de l'avenir.

§ IV. Ames et Esprits (鬼 神, *Koei-chen*), p. 70 à 80.

Paroles de Confucius dans le *Tchong-yong* et le *Li-ki.* — Le lettré superstitieux voit des Esprits partout, dans tous les phénomènes de la nature. — Animaux mystérieux. — Confucius est-il un matérialiste? Opinion de Mr J. Legge et du P. Zottoli. — Vie et mort.

TROISIÈME PARTIE.

TEXTE ET TRADUCTION DE LA SECTION 49ᵉ DES ŒUVRES
DE *TCHOU III*,
D'APRÈS LE 23ᵉ VOLUME DE L'ÉDITION IMPÉRIALE.

———•◦•◦•———

CHAPITRE I.

FORME ET MATIÈRE : VUE D'ENSEMBLE (理氣總論), p. 83 à 98.

CHAPITRE II.

GRAND EXTRÈME (太極), p. 99 à 119.

CHAPITRE III.

CIEL ET TERRE (天地), p. 120 à 125.

Appendice A, p. 127. — Texte de *Ou Lin-tch'oan* décrivant l'évolution initiale du Chaos.

Appendice B, p. 128. — Texte de *Hiu Yong-tch'ai* sur les états successifs de la matière universelle.

Appendice C, p. 129. — Extrait du commentaire du *T'ong-chou*.

Table des matières. .... p. 131

N. B. Malgré tout le soin apporté à la correction des épreuves par nous-mêmes et nos bienveillants auxiliaires, quelques fautes ont encore échappé; mais, elles sont de si peu d'importance pour l'intelligence du texte, qu'il nous a paru inutile de les signaler en détail à l'attention du lecteur

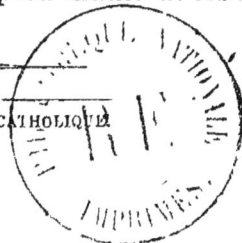

———⟨•◦•⟩———

VARIÉTÉS SINOLOGIQUES.

Nº 1. L'ÎLE DE TSONG-MING, à l'embouchure du Yang-tse-kiang, par le P. HENRI HAVRET, S. J. — 62 pages, 11 cartes, 7 gravures hors texte.

Nº 2. LA PROVINCE DU NGAN-HOEI, par le même; — 130 pages avec 2 pl. et 2 cartes hors texte.

Nº 3. CROIX ET SWASTIKA EN CHINE, par le P. LOUIS GAILLARD, S. J. — 282 pages, avec une phototypie et plus de 200 figures.

Nº 4. LE CANAL IMPÉRIAL, par le P. DOMINIQUE GANDAR, S. J. 75 pages, avec 19 cartes ou plans.

Nº 5. PRATIQUE DES EXAMENS LITTÉRAIRES EN CHINE, par le P. ÉTIENNE ZI, S. J. — 278 pages, avec plusieurs planches, gravures, et deux plans hors texte.

Nº 6. 朱熹 TCHOU HI, sa doctrine, son influence, par le P. STANISLAS LE GALL, S. J. — 134 pages.

Nº 7. ALLUSIONS LITTÉRAIRES, 1ʳᵉ Série, par le P. CORENTIN PÉTILLON, S. J. — (Sous presse.)

DÉPÔT.

A CHANG-HAI, chez KELLY et WALSH.

A PARIS, chez ERNEST LEROUX.

QUELQUES AUTRES PUBLICATIONS.

CURSUS LITTERATURÆ SINICÆ, neo-missionariis accommodatus.., par le P. ANGELO ZOTTOLI, S. J. — Cinq vol. in-8º.

CURSUS LITTERATURÆ SINICÆ... traduction française du 1ᵉʳ volume par le P. CHARLES DE BUSSY, S. J. — Même format.

LA BOUSSOLE DU LANGAGE MANDARIN, par le P. Henri Boucher, S. J. — 2 vol. in-8°. — Seconde édition, 1893.

A NOTICE OF THE CHINESE CALENDAR, and a Concordance with the European Calendar, by P. Hoang, priest of the Nan-king Mission. — Un vol. in-8° de 134 pages.

L'INCLINAISON DES VENTS SUR L'HORIZON. 3e note. Première année d'observations, 1886, par le P. Marc Dechevrens, S. J. — 35 pages in-4°, avec 7 planches.

TYPHONS de 1892. Juillet, Août, Septembre. — 90 pages in-8°, avec 15 planches; par le P. Stanislas Chevalier, S. J.

MÉMOIRES CONCERNANT L'HISTOIRE NATURELLE de l'Empire Chinois. Tome II. Troisième cahier, in-4°; pp. 117 à 168, avec 15 planches; 1894. — Quatrième cahier, in-4°; pp. 169 à 248, avec 12 planches; 1894. Par le P. Pierre Heude, S. J.

CARTE DE LA CHINE AU TEMPS DU TCHOEN-TSIEOU (Chroniques de Confucius, 722-481 av. J.-C.) par les PP. Ignace Lorando, et J. B. P'é, S. J. Larg. 1m; haut. 0m,83.

CARTE GÉNÉRALE DE LA CHINE, 皇朝直省地與全圖, par le P. Stan. Chevalier, S. J. Larg. 0m,67; haut. 0m,73; 1894.

S. M. S. Ist ANNUAL REPORT for the year 1892. — Nomenclature of clouds. — Fogs along the Northern coast of China. — 50 pages in-8° with 3 plates, by the Revd S. Chevalier, S. J.

S. M. S. IInd ANNUAL REPORT. On the typhoons of the year 1893. — 97 pages in-8° with 18 plates, by the Revd S. Chevalier, S. J.

·

www.ingramcontent.com/pod-product-compliance
Lightning Source LLC
Chambersburg PA
CBHW050023100426